江西省"十四五"重点学科教育学资助出版

重度障碍儿童心理与教育

徐 云 总主编
陈 琳 主 编

西北大学出版社
·西安·

图书在版编目(CIP)数据

重度障碍儿童心理与教育 / 陈琳主编. -- 西安：西北大学出版社，2024.8. -- (特殊教育丛书 / 徐云总主编). -- ISBN 978-7-5604-5471-9

Ⅰ.G44

中国国家版本馆CIP数据核字第20240LN795号

重度障碍儿童心理与教育
ZHONGDU ZHANGAI ERTONG XINLI YU JIAOYU

总 主 编	徐 云
主 编	陈 琳
出版发行	西北大学出版社
地 址	西安市太白北路229号
邮 编	710069
电 话	029-88303310
网 址	http://nwupress.nwu.edu.cn
电子邮箱	xdpress@nwu.edu.cn
经 销	全国新华书店
印 装	西安华新彩印有限责任公司
开 本	787mm×1092mm 1/16
印 张	11.5
字 数	190千字
版 次	2024年8月第1版 2024年8月第1次印刷
书 号	ISBN 978-7-5604-5471-9
定 价	58.00元

如有印装质量问题，请与西北大学出版社联系调换，电话029-88302966。

总 序

特殊教育是国民基础教育不可分割的组成部分,是教育的兜底工程和教育公平的重要体现,同时是衡量社会文明进步程度的重要标志。

习近平总书记在2024年召开的全国教育大会上强调,"教育是强国建设、民族复兴之基。""我们要建成的教育强国,是中国特色社会主义教育强国,应当具有强大的思政引领力、人才竞争力、科技支撑力、民生保障力、社会协同力、国际影响力,为以中国式现代化全面推进强国建设、民族复兴伟业提供有力支撑。""要坚持以人民为中心,不断提升教育公共服务的普惠性、可及性、便捷性,让教育改革发展成果更多更公平惠及全体人民。优化区域教育资源配置,推动义务教育优质均衡发展,逐步缩小城乡、区域、校际、群体差距。"

这对新时代教育赋予了新使命、新担当、新作为,令人鼓舞,催人奋进。对特殊教育工作者如何在教育强国建设中要踔厉奋发,把握好定位,牢记教育报国初心使命,坚持以人民为中心发展特殊教育,加快推进特殊教育高质量发展,以特殊教育之强促进教育之强,以教育之强夯实国家富强之基,在全面推进中华民族伟大复兴中发挥特殊教育的独特作用提出了新要求、新任务和新期望。从党的十七大"关心特殊教育",到党的十八大"支持特殊教育",再到党的十九大"办好特殊教育"和党的二十大"强化特殊教育普惠发展",

这些关键词的改变折射出党和国家不断增强对特殊教育的重视程度，不断加大支持力度，努力让每一位残疾儿童少年都能享受合适而优质的教育。

回顾我国特殊教育发展的历史和本人自己见证的特殊教育发展历程，我国在党、政府及社会各界，以及特殊教育工作者的不懈努力，我国特殊教育取得了显著成就，已经形成了具有中国特色、适合中国国情的特殊教育发展模式。

新中国成立之前，特殊教育学校由私人创立的居多，特殊教育以"看护""养护"为主，基本上属于慈善救济性质。新中国成立后，政府接管了特殊教育学校，相继颁布《政务院关于改革学制的决定》（1951年）、《办好盲童学校、聋哑学校的几点指示》（1957年）等，确立了特殊教育的教育属性和地位，推动了特殊教育发展。截至2023年，特殊教育学校从1946年的40所增加到2345所，在校学生数也从2322人增加到91.2万人，其中，在特殊教育学校就读在校生34.12万人，在其他学校就读在校生57.08万人。

改革开放后，特别是1988年，我国启动了残疾人教育事业发展五年规划、召开了第一次全国特殊教育工作会议，次年国务院办公厅转发了国家教委等部门《关于发展特殊教育的若干意见》，一系列举措推动了特殊教育较快发展。《残疾人教育条例》《义务教育法》《残疾人保障法》等法律法规公布。2017年修订的《残疾人教育条例》，不仅为进一步保障残疾儿童接受义务教育提供了强有力支持，而且确立了推进融合教育、优先采取普通教育方式的特殊教育发展原则。后如《关于进一步加快特殊教育事业发展的意见》《国家中长期教育改革和发展规划纲要（2010—2020年）》等相继出台，"特殊教育提升计划"等相继实施，有效推动了特殊教育的发展。需要特别指出的是，教育规划纲要把特殊教育作为八大教育发展任务之一，对特殊教育真正纳入国家教育整体规划、实施融合教育具有重要意义。

我国特殊教育形成了"以特殊教育学校为骨干，以大量随班就读和特教班为主体,以送教上门和远程教育等为辅助"的中国特色的发展模式,为在全球范围内建立没有排斥、没有歧视的全纳教育体系做出了贡献。

1946年,特殊教育学校(盲校、聋校)40所,2018年特殊教育学校达到了2152所,2023年为2345所,增长了58倍左右。在校残疾学生人数2322人,2018年在校残疾学生达到了近66.59万人(包括特殊教育学校、随班就读和附设特教班、送教上门等)。2023年为91.2万,增长了390多倍。1953年,特殊教育学校专任教师444人,2018年特殊教育学校专任教师5.87万人,2023年为增长了190多倍。

我国的特殊教育法制体系逐渐得到完善。近些年,出台了一系列有关残疾人权益保障的条例,如《无障碍环境建设条例》《残疾人就业条例》《残疾预防和残疾人康复条例》等。目前,直接涉及残疾人权益保障的法律有80多部,行政法规有50多部,标志着特殊教育已基本完成了从慈善型、救济型向权利型、普惠型方向转变,纳入依法治教轨道。

学前到高等教育阶段特殊教育体系初步形成。新中国成立初期,残疾人限于基础教育。经过70多年不懈努力,特殊教育逐渐确立了"保障义务教育,着重发展职业教育,积极开展学前教育,逐步发展高级中等以上教育"的方针。按"全覆盖、零拒绝"的要求,对所有类别的残疾儿童,包括残疾程度较重或具有多重残疾的儿童,提供多种多样的教育形式,保障其接受义务教育的权利。全国已有上百所普通本科高校开设特殊教育专业和高职院校开设特殊教育专业点。我国特殊教育体系在层次上已经具备了学前教育、义务教育、高中教育及高等教育各阶段,已经具备了基础教育、职业教育、成人教育等类型。

特殊教育安置多样态和教师培训体系日趋完善。改革开放以前,我国残疾儿童只能到特殊教育学校接受教育,目前我国特殊教育提供了多样化的教育形式，包括特殊教育学校、特殊教育班、随班就读、送教上门或远程教育等。1987年，在普通学校就读的残疾学生为0.64万名，残疾儿童入学率只有6%左右，现在已经达到95%以上。改革开放前，我国没有培养特殊教育教师的专门机构。改革开放后，为了培养高层次的特殊教育人才，国家开始在一些省份建立特殊教育师范学校(部、班)，在部属师范大学建立特殊教育专业。1986年，北京师范大学教育系设立特殊教育专业，当年第一次在全国招收本科生。随后，华东师范大学等数十所大学相继建立特殊教育专业，一批特殊教育硕士、博士点也相应建立。

融合教育、早期干预、多重残疾儿童教育等发展飞快。各地政府对适龄残疾儿童义务教育要优先考虑就近就便入学，要配置所需特殊教育教师，提供必要的经费保障，并有计划地在普通学校设立特殊教育资源教室。新修订的《残疾人教育条例》也明确指出，要"优先采取普通教育方式"。

扩大并改善幼儿特别是残疾幼儿的保育和教育，使他们的残疾状况或程度减轻，可以使他们潜能得到开发，同时还可以预防第二种障碍或第二次障碍的出现。新修订的《残疾人教育条例》和《特殊教育提升计划》都明确指出，要"加大力度发展残疾儿童学前教育"，将残疾儿童学前教育纳入当地学前教育发展规划，列入国家学前教育重大项目。

特殊教育学校要扩大招生规模和类型，依法接收残疾程度较重的残疾儿童入学，实现残疾儿童教育"零拒绝""全覆盖"，对那些不能到校就读、需要专人护理的适龄多重或重度残疾儿童，采取送教上门等方式提供教育。

特殊教育的质量得到较大提升。提高残疾人的教育质量，课程的针对性、适宜性是需要考量的重要因素。相对于普通教育而言，特殊教育课程的适宜性更加重要。对于残疾学生来说，不是所有学生都需要开设相同的课程、学习相同的内容、采取相同的评价标准。

残疾学生能够学习什么内容、达到什么样的标准主要还是由其能力来决定。因此，我国特殊教育更加重视残疾学生的课程适宜性，因材施教、因人而异，使每个残疾学生都能够得到更好的发展。

进入新时代，特别是 2023 年 6 月，中共中央办公厅、国务院办公厅发布《关于构建优质均衡的基本公共教育服务体系的意见》，文件进一步明确了基本公共教育服务的主要内容，强化政府保障责任，完善政策保障体系，织牢织密服务保障网，推进基本公共教育服务覆盖全民、优质均衡。对特殊教育提出三大任务：一是加强义务教育阶段特殊教育学校建设和普通学校随班就读工作，健全面向视力、听力、言语、肢体、智力、精神、多重残疾以及其他有特殊需要的儿童的特殊教育服务机制。二是坚持精准分析学情，全面建立学校学习困难学生帮扶制度。三是健全面向全体学生的个性化培养机制，优化创新人才培养环境条件。教育部、国家发展改革委、财政部随后联合印发《关于实施新时代基础教育扩优提质行动计划的意见》，提出强化新时代特殊教育优质融合的发展目标，提出办好更加公平、更高质量特殊教育的若干重要举措，是进一步推进教育公平、切实保障广大特殊儿童青少年受教育权利的需要，更是促进残疾人全面发展和共同富裕、加快建设教育强国的需要，意义重大，影响深远。

特殊教育的扩优提质，就是着眼公共服务均等化，加快推进优质特殊教育普遍惠及每一名特殊儿童青少年；就是着力发展素质教育，提升特殊教育育人质量，促进特殊人群的多元发展。到 2027 年适龄残疾儿童义务教育入学率保持在 97% 以上。这是一个发展性目标，是对适龄残疾儿童义务教育阶段入学率已经达到 95% 的新期待；更是一个刚性目标，既要求巩固好已有的普及成果，更要为义务教育普及水平真正实现"一个都不能少"继续努力。措施为：一是扩充学位资源，实现"全覆盖"。我国实现了 30 万人口以上县"县县有特校"的保障任务。本次《意见》提出，鼓励 20 万人口以上的县办好一所达到标准的特殊教育学校，并要求 20 万人口以下的县要因地制宜设立特教班,实现特殊教育学校(班)县县全覆盖。二是扩大资源供给,实现"全学段"。《意见》以建设从幼儿园到高中全学段衔接的十五年一贯制特殊教育学校为抓手,加快特殊教育从义务教育向两头延伸,实现特殊学生基础教育全学段衔接,为终身学习奠定坚实基础。三是加快类型资源建设,实现"全谱系"。

融合教育的高质量推进,让广大特殊儿童青少年和普通儿童青少年在融合环境中相互理解尊重、共同成长进步,是特殊教育发展的重要方向,可以说,融合教育质量水平高低是特殊教育质量的重要"试金石"。

高质量融合教育要求:一是学校提升课程规划和教学实施质量。课程是全部教育目标的载体,学校教育的育人功能主要依靠课程方案的设计与实施来体现。教学是学生素养发展的载体,德智体美劳全面发展主要依赖教学活动完成。必须要全面落实课程方案和课程标准,遴选基础教育精品课,推进教学方式方法创新,实现对特殊学生的差异化教学,满足学生多样化学习需求,促进特殊学生全面而有个性地发展。二是要求教师提升育人能力和质量。要强化师范生综合素质和全面育人能力培养,加强教研支撑,以高质量的特殊教育队伍为特殊教育发展提供强大动力。三是要求专业部门提升特殊教育体系服务质量。要组织遴选融合教育示范区和示范校,推进国家、省、市、县、校五级特殊教育资源中心建设,充分发挥示范区、示范校的示范引领作用和各级特殊教育资源中心的专业指导作用。四是要求多方参与提升跨领域资源整合质量。大力推进特殊教育与普通教育、职业教育、医疗康复、信息技术深度融合,充分满足特殊学生接受普通教育、掌握一技之长融入社会以及接受优质适宜的医疗康复服务需求,并实现以数字化赋能提升特殊教育治理水平和育人质量。

要实现目标,还是要靠政府。政府的责任是要对特殊教育事业的全面领导和统筹,为特殊教育优质融合发展提供了坚强的支持保障。关键做到以下三点：一是强化普惠保障。必须坚持落实政府主体责任，加强统筹规划和条件保障，加大政策、资金、项目向特殊教育倾斜力度，尽力而为、量力而行，不断加大财政投入力度，特别提出要优先将家庭经济困难的残疾儿童纳入资助范围，补助残疾学生特殊学习用品、教育训练、交通费等。二是强化标准引领。切实发挥评价指挥棒作用，用好学前教育、义务教育和特殊教育办学质量评价指南，推动各地完善质量评价实施方案，组织做好学校自评，以评促建，提升特殊教育办学质量。三是强化协同共育。办好特殊教育是全社会的共同责任。推动形成政府统筹协调、学校积极主导、家庭主动尽责、社会有效支持的协同育人格局，落实各方相应责任及沟通机制。

可以说，这个文件无疑吹响了新时代加快建设高质量特殊教育体系、推动特殊教育优质融合发展的号角。我们务必要充分认识把握特殊教育扩优提质的核心要义，将重大行动战略举措转化为切实行动，深耕细作、求实求效，真正让每一名特殊儿童少年都能感受到党和政府的温暖，都能有一个幸福美好的童年，为教育强国建设做出新的贡献。

但我们应该看到，特殊教育发展同时又遇到新挑战，主要在于：①提升特殊教育普及水平难度加大。历史原因造成的教育资源不足；多类型特殊需要群体需要解决的问题多而且难度不小而且突出；残疾儿童非义务教育发展基础比较弱。②特殊教育支持保障体系尚不健全，尚未形成稳定的投入机制；特殊教育学校相对闭塞，高水平发展困难；普通学校和非义务教育阶段特教学校缺少专门的经费标准和制度化支持；随班就读缺乏专业支持机制。③特殊教育师资数量不足，待遇偏低，专业能力不强。师资配备标准，如特殊教育师生比、资源教师和相关专业人员不能满足实际需要；教师专业化水平整体不高；特教师资培养质量需要提高等。④教育教学针对性差，质量参差不齐。特别在特教学校教材使用，课程资源开发与使用，教学评价以及其他残疾类型教育教学，如孤独症儿童的课程教材；数字校园、智慧校园等特殊教育信息化建设水平还比较落后。⑤融合教育总体质量，特别是认识水平、支持保障体系和个别化教学能力等。

要破解特殊教育发展瓶颈，特别在教育资源、残疾类型、学段、办学条件、办学经费、教师队伍、融合教育、课程资源、教育评价、课程改革等各个方面需要大力改进，主要措施为：

(1) 特殊教育服务群体进一步扩大，推进融合教育具有重要意义。要关注多类型特殊教育需要群体，加强孤独症等特殊儿童教育教学，优化孤独症儿童教育教学服务布局，积极探索符合各种各类特殊儿童的培养方式，做好"两头延伸"、康复与职业技能提升等开拓性工作。

(2) 全方位、全体系深度推进融合教育。对适龄残疾儿童义务教育入学率达到97%，努力实现残障人士的全生命周期的终身教育。加强普通教育和特殊教育融合，推动职业教育和特殊教育融合，促进医疗康复、信息技术与特殊教育融合，强化融合教育的支持与保障体系。

在学校层面：融合教育管理、融合教育课程建设及教学、融合教育班级管理、融合教育文化环境建设、家校共育等提高融合教育质量、推进融合教育发展的内容。

在学生层面：通过科学评估、方案制定、环境创设、教学支持、融合成长及转衔辅导等促进残疾学生和普通学生融合发展，全面提升育人质量。

普通学校的责任：转变思想观念、加强支持保障体系建设、课程改革与评价改革、校园文化和舆论氛围。

特殊教育学校的责任：将特殊教育学校建成区域特殊教育指导中心，大力推进融合教育。

(3) 积极打造特殊需要学生的学习新生态。在制定差异化培养方案时，通过科学评估，针对性做好潜能开发、缺陷补偿方案；做到家庭与学校、普校与特校、学校与实习基地、线上线下的"随时随地学习"；对各类学习困难学生全面容纳和全方位支持，了解读懂新课标，完善培养目标，优化课程设置，聚焦核心素养，推动跨学科主题学习，突出实践育人功能，加强评价改革，优化教育教学培训，提高科研能力与水平。

（4）加强特殊教育资源配置，构建特殊教育专业支持网络。要因地制宜，合理配置特殊教育资源。鼓励在九年一贯制学校或寄宿制学校设立特教班，提出大力推进国家、省、市、县、校五级特殊教育资源中心建设，合理布局孤独症儿童特殊教育学校等服务配置。优化课程资源建设，确保政治方向，确保内容严谨、准确，确保充分体现先进的教育思想和教育理念，确保内容符合不同年龄阶段不同类别残疾儿童的教育特点，确保适用、好用、够用，确保纵向衔接和横向协调。

（5）加强特殊教育保障。将义务教育阶段特殊教育生均公费经费补助标准提升至每生每年7000元以上，提升教育教学保障，师资保障，办学经费保障，学位保障，办学条件保障水平。

（6）营造尊师重教的良好风尚。需要建立专门的特教教师资格，建立专业资质规范、专业成长道路通畅、专业能力一流的特殊教育教师和其他专门人才队伍。完善专兼职结合的人才机制，教育、医疗、康复的整合机制，教育事业、医疗康复事业、民政福利事业、残疾人事业的整合机制，人才的使用、流动和成长机制。做到培训工作经常化、制度化。大力弘扬教育家精神。

（7）要有更加完善的体系建设。这需要①普及普惠、医教融通、学段融通、畅通便利的残疾人终身教育体系；②全面覆盖、系统集成、重点帮助、个别指导的特殊需要障碍学生学习支持体系；③科学选拔、灵活多元、科教协同、全球视野的拔尖创新人才培养体系。

（8）要提供更加强有力的支持保障。这主要在于①年限不断延伸的免费教育；②力度不断加大的资助；③特教特办的人、财、物投入机制；④不断提升的特殊教育师资队伍的职业吸引力。

全国教育大会要求：加快建设高质量教育体系，推动义务教育优质均衡发展，解决好人民群众关于教育的急难愁盼问题。加强高素质专业化教师队伍建设，提升教书育人能力，巩固好教育强国建设的重要根基。实现国家提出的更高质量发展目标，其重点是在融合教育的进一步普及，课程建设进一步加强，个别化教育和适宜水平进一步提升，教育管理活力更加充满活力，学生出彩成材更多机会，教师更有幸福感，家长更多获得感和满意度，与社会更加融合，育人质量更加服务国家发展需要。

新时代，新目标，给我们提出了非常重要的新任务。为此，本人与特殊教育同人一起根据新的"教育强国，特教有为"要求，专门编写出版一套《特殊教育丛书》，可以作为新时代特殊教育教材或研究参考指导，为高质量发展特殊教育，使每一个特殊儿童"有学上"，还"上好学、能出彩"，为中华民族的伟大复兴，每一个人都能人尽其才、各展风采，早日实现伟大"中国梦"做出一份贡献。

国家社科重大招标项目　首席专家
浙江工业大学、南京特殊教育师范学院 特聘教授

2024 年 8 月于杭州

前 言

近年来,我国的特殊教育事业蓬勃发展,是党和政府高度重视和关心的一项民生事业。党的十八大明确提出支持特殊教育,十九大提出办好特殊教育,十九届五中全会提出完善特殊教育保障机制,二十大进一步提出强化特殊教育普惠发展。所谓普惠发展,指的是特殊教育发展要能够普遍惠及全体特殊儿童,确保一个都不能少。重度障碍儿童正是"一个都不能少"的特殊教育的服务对象之一,也是特殊儿童群体中身心障碍程度比较严重、特殊教育和其他方面需求程度较高的群体。就特殊教育的发展历史而言,相对于其他障碍类别的特殊教育与服务,重度障碍儿童的教育不但起步较晚而且所面临的阻力很大,产生的争议性问题也相对较多。对于重度障碍群体而言,生存权、教育权、工作权、平等权往往容易被社会大众所忽视。国家通常是在其他障碍类别或轻度障碍者普遍受到照顾后,或是国家社会福利普遍落实后,或是相关障碍者权利法案或特殊教育法案通过强制执行后,才有机会考虑或照顾重度障碍个体的相关权益与福利。因此,党的二十大报告中谈到特殊教育的普惠发展,就是提醒我们更要重视以往不被重视的重度障碍这一群体的各方面权益,以及加强重度障碍儿童的心理、教育及康复等方面的研究。

到目前为止,重度障碍个体可以认为是弱势群体中的弱势群体,他们的受教育程度普遍偏低、工作机会较少、生存与发展条件和生活状态也显著低于其他障碍类别个体及非障碍者。同时，目前仍有不少特殊教育教师对重度障碍儿童的教学与辅导缺乏足够的认识；一些教育行政主管单位，也缺乏对重度障碍儿童的普遍的认识与理解，致使仍有一些重度障碍儿童无法在特殊学校接受教育，而以在家教育或送教上门等方式接受安置。近年来，随着融合教育的推广以及医学科技的进步，重度障碍儿童接受学校教育的比例有所上升，但总体上仍然需要社会各界进一步的关心和支持。

鉴于上述情况，对于重度障碍儿童的家长来说，如何有效地认识到其子女本身应有的权利、学习特点、教育训练方式等变得异常重要。同时，对于即将迎接重度障碍学生的学校教师与行政管理人员来说，重度障碍儿童的融入与教育上的安排，势必对这些教师与行政管理人员形成新的教学与行政运作上的冲击与挑战。因此，本书拟从特殊教育的视角出发，揭示重度障碍的概念，探讨构成重度障碍的可能成因、分析重度障碍儿童的心理和特殊需要，总结重度障碍儿童的评估方法及注意事项，介绍重度障碍儿童应有的课程和教学策略，并展望未来的做法，期望以此推广特殊教育的成效与广度，让特殊教育教师和家长能够重视重度障碍儿童的心理与教育，给予更多的关注和帮助，让重度障碍儿童获得适当的教育，拥有更加美好的明天。

特殊教育是一项平凡而伟大的事业，愿我辈特教人不忘初心，凝心聚力，为所有特殊儿童获得更加美好的生活而发挥自己的光和热。

由于作者水平所限，书中难免有疏漏之处，请同行前辈们批评指正。

陈　琳

2024 年 6 月于南京

目　录

第一章　重度障碍概述 …………………………………（ 1 ）

　第一节　重度障碍的含义 …………………………………（ 1 ）

　第二节　多重障碍的含义 …………………………………（ 3 ）

　第三节　重度障碍与多重障碍的区别 ……………………（ 7 ）

　第四节　重度障碍和多重障碍的出现率 …………………（ 8 ）

第二章　重度障碍的成因及相关疾病 ……………………（ 11 ）

　第一节　重度障碍的成因 …………………………………（ 11 ）

　第二节　重度障碍的相关疾病 ……………………………（ 13 ）

第三章　重度障碍儿童的特征及特殊需要 ………………（ 26 ）

　第一节　重度障碍儿童的特征 ……………………………（ 26 ）

　第二节　重度障碍儿童的困难及需要 ……………………（ 38 ）

第四章　重度障碍儿童的鉴定评估 ………………………（ 41 ）

　第一节　鉴定单位及鉴定原则 ……………………………（ 41 ）

　第二节　诊断评估的含义、类型、方法及实施程序 ……（ 45 ）

　第三节　重度障碍儿童评估过程 …………………………（ 55 ）

第四节　常见的重度障碍儿童教育评估类型 …………（64）

　　第五节　常见的重度障碍儿童评估工具 ……………（80）

第五章　重度障碍学生的教育康复策略 ………………（89）

　　第一节　重度障碍学生的安置原则和方式 …………（89）

　　第二节　重度障碍学生的学习与课程 ………………（98）

　　第三节　重度障碍学生的教学策略 …………………（146）

　　第四节　重度障碍学生的医疗护理 …………………（156）

　　第五节　帮助普通班教师接纳重度障碍学生的策略 ……（163）

　　第六节　帮助家长和教师克服困难的策略 …………（166）

第一章 重度障碍概述

第一节 重度障碍的含义

重度障碍(severe disability),在我国亦可指重度残疾。从字面上来看,主要是指个体的障碍程度与其他轻度障碍、中度障碍存在区别,其障碍程度更为严重。同时,障碍程度的严重也带来更多的特殊服务需求以及在教育和康复方面的更多困难和挑战。

根据我国《残疾人残疾分类和分级》国家标准(GB/T 26341—2010),各类残疾按残疾程度分为四级,残疾一级、残疾二级、残疾三级和残疾四级。残疾一级为极重度,残疾二级为重度,残疾三级为中度,残疾四级为轻度。因此,重度残疾包括视力残疾、听力残疾、言语残疾、肢体残疾、智力残疾以及精神残疾中的一级和二级的情况。

我国的《特殊教育辞典》中对重度障碍的定义为:"个体的身心发展出现比较严重的问题,以至于需要长期的、多方面的特殊服务的缺陷状况。"一般按残疾的轻、中、重度划分的障碍种类之一,主要包括重度、极重度情绪障碍(如精神分裂症、自闭症),重度、极重度智力障碍,以及同时具有两种或两种以上的严重障碍的状况。

因此,在我国重度障碍主要是指残疾程度为一级和二级的各类残疾,且多重障碍中同时具有两种或两种以上严重障碍的状况也属于重度障碍的范畴。

国外关于重度障碍的定义也存在一些差异。以美国为例,美国各州均有不同障碍程度的定义标准及方法,美国障碍者教育法案(Individuals with Disabilities Education Act,IDEA;简称公法101-476)强调重度障碍者实质功能性的需求(functional needs),因此多数有关重度障碍的定义,也是强调重度障碍者功能性的需求。还有学者以美国联邦政府1973年颁布的《残疾人康复法》的定义为主,或认同美国重度障碍者学会对重度障碍的定义,来从事相关的研究;也有学者采用美国智能障碍学会1992年有关重度障碍的定义:需要广泛性持续的支持(extensive ongoing support)的障碍者,来解释界定重度障碍,造成若干学术上的争议(如鉴定及评估上的困难)。

1990年美国障碍者教育法案颁布,其中将重度障碍定义为:重度障碍儿童指那些有障碍的孩子,因为严重的肢体、智力或情绪问题,需要较高专业化的教育、社会、心理和医疗服务使他们的潜能得到最大发展,能在社会中有用,有意义地参与社会事务,能实现自我。这个定义包括那些有严重情绪困扰(如精神分裂症)、自闭症、中度和重度智力碍障,以及那些有两种或两种以上障碍者,如又聋又盲者、智力障碍且盲者、脑瘫且聋者。

根据1973年美国联邦政府颁布的复健法案(Rehabilitation Act of 1973,简称公法93-112),重度障碍者指:①因具有一项重度生理或心理障碍,而严重性地限制其个人在就业方面单一或多重功能性能力(如行动、沟通、自我照料、自我指导、人际关系、工作容忍或工作技能)的障碍者。②其职业复健可预期地需要一段相当长时间且多重职业复健服务的障碍者。③截肢、关节炎、自闭症、盲、烫伤、癌症、脑性麻痹、纤维性囊肿、聋、脑伤、血友病、呼吸及肺功能异常、智力障碍、心理疾病、多发性硬化症、肌肉萎缩症、肌肉和骨骼伤残、神经异常(包含中风和癫痫)、双下肢麻痹、镰状细胞性贫血、特殊的学习障碍、末期肾脏病或其他伤残及具有多重伤残等,所导致的具有一项或多项生理或心理障碍，并且根据复健潜能的评鉴会造成实质性功能限制的障碍者。

美国重度障碍者学会（Association for Person with Severe Handicaps）对重度障碍的定义是：为了参与一体化的社区环境和享受跟其他具有更少或更多障碍的居民一样的生活质量，在超过一项以上的人类主要生活活动中，要求有广泛、持续支持的所有年龄的个体。这些个体在行动、交流、自我照顾、学习以及独立生活、就业、自立等生活活动方面需要支持。这个定义着重于个体在社区活动所需要的支持，并根据个体和环境之间的协调性对障碍进行定义。

不过，一些研究者认为，中、重度障碍以及极重度障碍通常并不包括肢体障碍或感官有障碍但智能与认知能力却正常者，以及轻度智能障碍者。也就是说，重度障碍者包含有多重障碍者。如Kysela（1985）更直接地将多重障碍者定义为重度智能障碍同时伴随有感官或肢体障碍。同样地，Brimer（1990）将重度障碍与多重障碍者视为等同的概念。其有关重度与多重障碍者的定义是指：在一般发展能力、自我照顾、思想表达、情绪及感觉，对外在环境的刺激反应，以及与同年龄社会互动等能力方面，在功能上有非常显著的差异者。

第二节 多重障碍的含义

前面所述的重度障碍的定义中，多个定义将多重障碍这一情况包含其中，因此，很有必要了解多重障碍是指哪种障碍情况。

人们所熟知的海伦·凯勒就是多重障碍的情况，她在视觉和听觉上都存在障碍。基本上来说，多重障碍（multiple disability）是指兼具两种或两种以上的障碍类别。就特殊教育而言，身心障碍者的分类一般是以其显著的障碍为归类的主要参考依据，然而对于同时具有两种或两种以上障碍者来说,这种单一障碍名称的标志方式,无法帮助我们真正了解其障碍的情形与教育需求,于是以"多重障碍"来说明兼具有两种或两种以上障碍的情况。

在概念的实际使用中,多重障碍经常与重度障碍经常会混为一谈,要注意进行区分。

一、中国大陆的定义

《特殊教育辞典》中对多重障碍的定义为:"多重障碍,指生理、心理或感官上两种或两种以上障碍合并出现的状况(如盲聋、智力障碍兼肢体障碍等)。"

障碍状况的合并出现造成患者更加特殊的教育需求,往往使得专为某一类障碍设计的特殊教育方案不能奏效。

另外,在《特殊教育辞典》中还有一个与多重障碍同义的词——综合残疾。综合残疾指人的生理和心理发生两种或两种以上的失调状况。此名称在1987年中国残疾人抽样调查时开始使用。这种失调的状况给人的器官功能和人的活动造成严重的影响。如盲聋者失去或大部分失去视觉和听觉,产生严重的感知障碍。肢体损伤兼视觉的损伤则降低了行动的能力并产生感知上的困难。所以,他们需要长期的多种服务设施,包括医学、教育、心理、社会等多方面的服务,才能满足身心发展的需要。综合残疾有多种类型的组合,较常出现的组合有智能不足兼脑性瘫痪、智力落后兼听觉障碍、智力落后伴随行为问题、盲聋等。

我国在1987年进行的残疾人抽样调查按照视力残疾、听力语言残疾、智力残疾、肢体残疾、精神病残疾的不同组合把综合残疾分为二重、三重、四重或五重残疾。其中二重残疾占88.13%,三重残疾占10.57%,四重残疾占1.19%,五重残疾占0.11%。[①]

[①] 朴永馨主编. 特殊教育辞典. 北京:华夏出版社,1996年5月第一版.

二、中国台湾地区的定义

台湾地区 1992 年公布的《多重障碍儿童鉴定标准及就学辅导原则要点》中对多重障碍有较明确的认定。根据该要点的规定，多重障碍是指特殊教育法第十五条第一款至第九款（智能不足、视觉障碍、听觉障碍、语言障碍、肢体障碍、身体病弱、性格异常、行为异常、学习障碍）中，两款或两款以上之情事者，即具有两种或两种以上障碍的儿童，称之为多重障碍儿童。

台湾地区早期颁布的《残障福利法》对多重障碍者的定义为：具有非因果关系且系非源自同一原因所造成之两类以上障碍者，如兼具智障、视障、听障、语障、肢障、颜面伤残、植物人、病弱自闭症等两类以上之障碍者。亦即指两类以上生理功能障碍，或两类以上不具有连带因果关系且非源自同一原因所造成之障碍者。

台湾地区 1999 年颁布的《身心障碍及资赋优异学生鉴定原则鉴定基准》中第十一条规定：多重障碍，是指具有两种以上不具连带关系且非源于同一原因造成之障碍而影响学习者。多重障碍之鉴定，应参照各类障碍之鉴定原则、基准。该鉴定基准于 2002 年重新修订。

简言之，根据台湾地区关于特殊教育的相关法律规定，多重障碍的定义是指：①兼具有两种或两种以上的障碍；②该两种或两种以上的障碍非出于同一个原因；③该两种或两种以上的障碍不具有连带关系；④该两种或两种以上的障碍会影响学习。多重障碍儿童的鉴定，应参照各类障碍的鉴定原则、基准；并且多重障碍学生在教育上的鉴定与安置，则系由省内各市、县（市）政府"特殊教育学生鉴定及就学辅导委员会"（简称鉴辅会）负责。

三、美国的定义

就美国而言，由于多重障碍所表现的问题性质各异，每一个个案都有其不同的独特性，因此美国对多重障碍的界定也有许多困难与不同的看法。不过在美国许多特殊教育的文献中，多重障碍与重度、极重度障碍的概念和定义是相当接近的。譬如：

1973年的美国复健法案（Rehabilitation Act of 1973）以及1974年美国联邦教育署的残障教育局（Bureau of Education for the Handicaped）也将多重障碍的定义包含于重度障碍的定义中，其定义为：重度障碍系指因生理、心智、情绪问题或上述问题合并所造成的障碍，包括严重情绪障碍（如精神分裂症、自闭症），极重度及重度智能障碍，以及具有两种以上严重障碍状况，如智能障碍兼具有聋、智能障碍兼具有盲。

1975年美国颁布的所有残疾儿童教育法（Education for All Handicapped Children Act，公法94-142）中对多重障碍的定义为：多重障碍是指多种障碍伴随出现（如智能不足与盲等），这种障碍状况的合并所造成的严重教育问题，并非是某单一障碍所设的特殊教育方案所能解决的，但是该障碍并不包括盲聋在内。

1997年美国障碍者教育法案（Individuals with Disabilities Education Act Amendments of 1997，IDEA 1997）的修正公布以及1999年5月公告实施的《协助各州执行身心障碍儿童教育以及身心障碍婴幼儿早期介入方案法规：最终执行细则》（Assistance to States for the Education of Children With Disabilities and the Early Intervention Program for Infants and Toddlers With Disabilities；Final Regulations，又名IDEA执行细则）有关多重障碍的定义为：多重障碍意味着有伴随障碍（如智障兼盲、智障兼肢障等），多重障碍的综合影响带来了严重的教育问题，以至于他们不能纳入特殊教育的一种障碍条目中。这个定义不包括又盲又聋者。

总之，美国有关多重障碍的定义已由早期的仅以盲聋为对象，发展到非以盲聋为对象的依靠长期多重障碍服务措施的身心障碍者。其原因在于美国政府与学术界已将盲聋界定为一独特的障碍类别。

而其新的定义则将重点放在教育与相关服务措施的提供方面，并且将早期重度障碍者的概念隐含于该定义当中。相对来说，美国的定义更具弹性与广泛诠释的概念；而我国大陆和台湾地区的定义则较为具体明确，并且有助于鉴定与安置的执行。

结合上述定义，多重障碍是指个体在生理、心理或感官上两种或两种以上障碍合并出现的状况，并且障碍间不具连带关系且非源于同一原因。多重障碍状况的合并会造成复杂多样的教育需求，并非某单一障碍所设的特殊教育方案所能解决。

多重障碍往往除了智能障碍外，还有感官或肢体障碍，如中度及重度智能障碍者伴有视觉障碍、听觉障碍及肢体障碍（如脑瘫）等。多重障碍个体不一定具有智能障碍者因共同基因及生理病因出现的症候群（常见如唐氏综合征、脆裂 X 症候群、胎儿酒精中毒症候群、小胖威力症候群、Angelman 症候群）。多重障碍者常伴有健康问题或异常行为。

第三节　重度障碍与多重障碍的区别

重度障碍和多重障碍的区别在于二者定义的角度不同，重度障碍主要强调的是障碍的严重性，即重度障碍是指在心理计量上（psychometric）、行为特征上（behavioral characteristics）、教育需求上（educational needs）、支持程度上（extent of support）达到重度障碍者界定的范畴。多重障碍则是主要强调个体具有的障碍并非单一，在数量上属于两种或两种以上的障碍合并出现。有些多重障碍的定义还强调几种障碍之间不能存在连带关系或源于同一原因。

事实上，重度障碍与多重障碍的概念确有交互重叠的部分，很多重度障碍的定义中包含多重障碍中障碍程度比较严重的个体。部分研究者认为，重度障碍中包含的多重障碍个体应排除存在肢体障碍或感官障碍，但智能与认知能力正常或轻度智能障碍的情况。尽管截至目前，多重障碍与重度障碍的相关定义仍然无法发展出令人满意的一致性地看法，但多重障碍与重度障碍共同的定义中，均蕴含有需要广泛性教育支持与其他相关专业服务持续性支持的相同概念。简而言之，就学术上对障碍种类的分类而言，多重障碍个体未必都是重度障碍，但重度障碍个体中包含着障碍程度比较严重的多重障碍者，二者均需要相当程度的支持系统与协助以帮助其就学、就医、就养、就业。就障碍内涵与程度而言，多重障碍不一定是重度障碍；但重度及极重度障碍者通常多为多重障碍者，并且有些多重障碍者并不一定具有智能障碍。

第四节 重度障碍和多重障碍的出现率

统计障碍人士的发生率（incidence）与出现率（prevalence）是一件比较复杂而困难的事情。发生率是指在某一段时期中（通常以一年来计算）某特定状况，新发生的特殊个案数目。出现率则指新个案、旧个案、特殊个案的总数，或者是某个类别人数占母群体人数的百分比或比例。要正确地评估重度障碍和多重障碍的出现率并不容易，主要是因为重度障碍和多重障碍是一群异质性相当高的群体，个体间差异比较大。

根据Hayden与Beck（1981）的研究，多重障碍出现率极易受到科技的进步、人口统计学的趋势以及社会的因素而产生改变。如以美国而言，从1974年起，多重障碍者的出现率因美国身心障碍者教育法案的规定，而未能包含需要另外专业服务的盲聋身心障碍者，而使多重障碍的出现率均较为偏低。此外，由于定义的不够明确、鉴定标准的不一、服务经费的多寡、服务提供名额的有无与医疗科技的进步等因素，也影响多重障碍者出现率的估算与调查。有关单位有时仅能从为障碍者所提供服务的医疗、社会、职业训练与教育单位的名册中，整理获得较可信的发生率（Smith, Polloway, Patton, & Dowdy, 1998）。

此外，重度障碍和多重障碍的出现率会随着年龄层的不同与居住区域的不同而有所差异，如学龄阶段的出现率最高，而学前阶段与离校后的出现率则较低；男性的出现率要比女性高。婴幼儿、学龄人口与中老年人口偏多的地区其障碍比率亦会偏高。

2006年，我国进行第二次残疾人抽样调查，结果显示，截至2006年4月1日，全国各类残疾人为8 296万人，占全国人口的6.34%。全国残疾人口中，残疾等级为一、二级的重度残疾人为2 457万人，占29.62%。6～14岁学龄残疾儿童为246万人，占全部残疾人口的2.96%。其中视力残疾儿童13万人，听力残疾儿童11万人，言语残疾儿童17万人，肢体残疾儿童48万人，智力残疾儿童76万人，精神残疾儿童6万人，多重残疾儿童75万人。学龄残疾儿童中，63.19%正在普通教育或特殊教育学校接受义务教育，各类别残疾儿童的相应比例为视力残疾儿童79.07%，听力残疾儿童85.05%，言语残疾儿童76.92%，肢体残疾儿童80.36%，智力残疾儿童64.86%，精神残疾儿童69.42%，多重残疾儿童40.99%。

我国台湾地区的重度障碍和多重障碍者在障碍群体人数中有日益增多的趋势，研究者认为其主要原因可能是人道主义的发扬、身心障碍社会福利的重视以及医学科技的进步。人道主义使大家尊重与爱惜生命，社会福利使身心障碍者的平均寿命延长，医学科技进步则降低了障碍婴儿的死亡率，因而增加了多重障碍儿童。此外，近年来，由于各种不同病毒与细菌的感染、外在生态环境的污染、食物饮食的影响、意外事件的增加等，也会影响多重障碍者的出现率。

1992年，台湾地区进行了第二次特殊儿童普查，结果显示，在6～12岁学龄中，有75 560名身心障碍儿童，出现率为2.121%。障碍人数依多寡的顺序排列，前五名分别为智力障碍、学习障碍、多重障碍、性格及行为异常以及肢体障碍，而多重障碍的出现率为0.28%，占所有障碍儿童的比率为9.68%。若再就7 315名多重障碍儿童进行进一步分析，则会发现多重障碍学生每人平均合并伴随有2.41种障碍项目，其中合并伴随障碍人次以智能障碍者为最多，其次为肢体障碍者，而以合并伴随自闭症者为最少（台湾地区教育主管部门，1992）。

根据美国1987—1988年的普查数据显示，美国障碍人数依多寡的顺序排列，前五名分别为学习障碍、语言缺陷、智能障碍、情绪困扰以及多重障碍，而多重障碍的出现率为0.15%。根据美国教育部1999年公布的数据显示，1997—1998年有106 758名6～21岁的学生接受IDEA的多重残疾学生服务计划。这一数据具有代表性，在这一年龄段有0.17%的学生接受IDEA计划服务。另外，同时还有1 454名6～21岁又盲又聋者在学校接受服务。由于IDEA没有将重度障碍列为单独的类别，因此该数据不包括1997—1998年在校的重度障碍学生的数据。

思考题

1. 什么是重度障碍？
2. 什么是多重障碍？
3. 重度障碍和多重障碍有何区别和联系？

第二章 重度障碍的成因及相关疾病

第一节 重度障碍的成因

一、复杂的成因

造成重度障碍(包括多重障碍)的成因有很多种而且也极其复杂,截至目前尚无法找出所有形成的原因,并且鉴别引起重度障碍的确切原因比较困难。特殊教育学者在寻找障碍儿童之成因时,大多结合两个主要维度:①美国智能障碍学会所提供的病源分类系统。②从时间角度,依婴儿出生过程,就产前、产中和产后加以探讨。

就国外的学者而言,探讨多重障碍成因的看法亦有所不同,譬如:Kirk、Gallagher 与 Anastasiow(1997)将其成因分为产前、产中与产后三大阶段来加以探讨。Lynch 和 Lewis(1988)则提出了五大原因:感染与中毒、新陈代谢与营养不良、外伤与生理、不明的产前因素、染色体异常等。Patton、Payne、Kauffman、Brown 与 Payne(1987)等人则从医学观点探讨其可能原因有九项:染色体异常、遗传异常、新陈代谢异常、感染与中毒、神经管闭锁(如大脑或脊髓发育不良等)、怀孕时的因素(如早产、晚产、Rh 血液因子不合等)、生产时的因素(如缺氧、身体损伤等)、产后的因素(如头部外伤、细菌感染、病毒感染、身体疾病等)以及其他环境因素(如铅中毒等)。

在上述原因中有几项已知的主要原因与出生前的生物医学因素有关，包括染色体异常、基因代谢异常、脑组织发育异常和产前环境因素。此外，分娩过程中的复杂因素和产后因素也会导致许多障碍。父母的基因异常会导致儿童的代谢异常。新陈代谢对于诸如能量转换、成长、废物处理等身体机能是非常重要的。如果一位携带者的异常基因是隐性的，就不会使孩子患有此种疾病。显性基因产生了当前的性征，隐性基因则隐藏起来，且需要另一个隐性基因结合才能导致疾病发生。隐性基因可能会代代相传，直到两个隐性基因相遇，就会出现障碍。基因代谢异常几乎都与重度障碍和多重障碍联系在一起，引起身体所需酶的代谢紊乱。如果没有转化为有用物质的酶积聚到有毒的水平，就会损害身体和智力的发育。此外，脑组织障碍也是多重障碍的生物医学因素之一。重度障碍和多重障碍的先天性障碍主要由脑和脊髓发育中断引起，一般导致结构性异常，并伴有脑畸形、某些成分缺失或脑过小。①

综合各学者们的观点，我们还可以将可能导致多重障碍或重度障碍的因素按照产前、产中和产后进行归纳：

产前：①染色体异常；②酒精和药物中毒；③新陈代谢失调；④病毒或细菌感染；⑤母亲严重营养不良；⑥Rh 血液因子不合症。

产中：①缺氧；②使用产钳不当；③胎盘早期剥离；④母亲休克、多胞胎。

产后：①新生儿过高疸红素；②脑部感染；③幼年时肌肉骨骼病变；④肌肉骨骼病变；⑤骨髓感染；⑥颅内肿瘤、骨性肿瘤；⑦脑部外伤；⑧其他。

二、预防重度障碍和多重障碍发生

一般而言，孕妇可以于产前利用的羊膜穿刺（amniocentesis）、绒

---

① 路得，特恩布尔，等．今日学校中的特殊教育（上册）第三版．上海：华东师范大学出版社．2004．

毛检验（chorionic villus sampling，CVS）、母体血液检验、超声波（ultrasound）、脐带血穿刺等技术来查探胎儿的状况；此外，亦可以于产后为新生婴幼儿进行定期检查以筛选各种可能的遗传或染色体异常的疾病、新陈代谢异常、病毒或细菌感染、身体或大脑损伤等。此外，为降低孕妇怀孕期间造成多重障碍儿童的风险，孕妇宜遵照如下建议以减少生出身心障碍婴儿的概率：①适当饮食；②适当地增加体重；③保持强健的身体（规律的运动）；④不抽烟（也不吸二手烟）；⑤不喝酒，不食用毒品、麻醉品、咖啡因等；⑥避免用药（如有必要，须由医师开方）；⑦良好的医疗照顾（找合格的妇产科医师）；⑧预防或立即治疗感染；⑨多休息（避免女超人症候群）；⑩有精神压力即刻寻求资商与辅导（Eisenberg，Murkoff，& Hathaway，1986）。

第二节　重度障碍的相关疾病

一、脑瘫

脑瘫（cerebral palsy）是指大脑在尚未成熟阶段受到损害或损伤，导致以运动障碍或姿势障碍为主要临床表现的综合征，称为脑性瘫痪，简称脑瘫。这是一种非进行性的、不可逆的病变。脑瘫是属于脑神经损伤的疾病，非进行性疾病（non-progressive disease），也就是说其症状并不会恶化，但有可能会因肌肉功能受损而难以治疗并恢复其原来应有的功能，发生率约3/1000。

一般而言，患者在保持正常平衡与姿态，或在技能与动作的操作上有动作与协调的困难，或语言沟通上的不便，以及会有身体功能羸弱的倾向。脑瘫多半是由于生产过程中的脑部伤害，此外产后脑损伤亦有可能，如早产、难产、出生缺氧、黄疸等。脑瘫的类别就受影响身体部位而言，可分为单肢麻痹（monoplegia）、两下肢麻痹（paraplegia）、半侧麻痹（hemiplegia）、三肢麻痹（triplegia）、下肢障碍大于上肢之四肢麻痹（quadriplegia）、上肢障碍大于下肢之四肢麻痹（diplegia）、⑦某半侧障碍大于另一半侧之两侧麻痹（double hemipligia）。

就运动的特性而言，则有下列数种：①痉挛型（spasticity），主因大脑皮质部运动中枢受损，其病症为肌肉僵直收缩，不正常的伸张反射动作，对刺激会有过动敏感反应，其动作缓慢无力通常无法控制突发性抽搐，需要快速动作及协调动作时感到十分困难。此类的比例最高，此类患者占脑性麻痹的70%～80%。②指痉型（athetosis），又名手指徐动型或颤动型，主因基底神经节（basal ganglia）受损，造成腕部和手指不随意的颤动。轻微患者，显得坐立不安极不稳定；重度患者，则会突然猛烈颤抖，且次数频繁。此类占8%～20%。③运动失调型（ataxia），又名共济失调型，主因小脑损伤导致平衡感破坏，而不能有效控制粗大与精细动作，造成平衡、姿态、方向感等问题，无法做到快速、准确、协调的动作，此类患者约有5%。

此外，尚有极少部分患者属于：①僵硬型（rigidity），在伸展身体时会变得全身僵硬，行动极为困难；②震颤型（tremor），不随意的动作，呈现出节奏、交替、摇摆不定的特征；③弛软型（atonia），肌肉无力，无法对刺激有所反应；④混合型（mixed），具有以上各类型之一或全部的特征者。一般而言，脑瘫患者多伴随着感官缺陷、语言障碍、认知功能、知觉、行为及社会情绪问题等多重障碍。脑瘫儿童不是一定存在认知方面的障碍，如果认知功能正常则对其学习的影响不大，其主要的困难是在于身体动作方面。

二、脊柱裂

脊柱裂（spina bifida）是指由于先天性的椎管闭合不全，在脊柱的背侧或腹侧形成裂口，可伴或不伴有脊膜、神经成分突出的畸形。脊柱裂可分为隐性脊柱裂和显性脊柱裂两类。主要临床表现有腰或腰骶部膨出物和神经功能障碍。本病发病率无地区性及男女差别，本病主要采用手术治疗。其中单纯脊膜膨出者预后最好，而脊髓膨出者预后差，病死率高。

依其部位，分为脑脊髓膜膨出（meningocele）、脑膨出（encephalocele）和脊髓膜膨出（myelomenigocele）三种，而后者系为最严重的一种脊柱裂。一般而言，脊柱裂者需要医疗照顾，必要时利用支架、拐杖、轮椅来协助行动。有些脊柱裂儿童还需要物理、作业、语言等治疗，以增进其独立能力。新生儿如有脊柱裂应于一两天内经外科手术予以治疗，可以避免致命的脊髓膜炎发生并减少肢体瘫痪的可能性。此外，脊柱裂容易导致神经系统的障碍及姿态的异常；从轻微的感觉损害到严重的四肢瘫痪、大小便失禁等不同状况。同时，大脑畸形、流体积聚脑部如水脑儿童都会导致智能障碍，不过此种情形可由外科手术将液体导出。中、重度的脊柱裂儿童多数也为多重障碍。

三、肌肉萎缩

肌肉萎缩（muscular dystrophy）主要是肌肉蛋白质的流失及横纹肌被脂肪和其他纤维所取代，使肌肉逐渐萎缩，为一进行性病变，同时有30%~50%会伴有轻度智能障碍。肌肉萎缩为进行性的疾病，多数患者在十余岁时会逐渐死亡。多数肌肉萎缩患者极易疲劳，甚至在能够行动时也常常觉得需要使用轮椅代步，萎缩衰弱的肌肉会使患者易于跌倒且无法进行一些依靠手部或脚部操作的活动，如开门等简易活动。该病的发病期跨度大，由出生到老年均可见病例，不过以6岁以前发病居多，10岁以后发病较少见。在儿童时期，常见有裘馨氏症（Duchenne's disease），又名脊髓痨（tabes dorsalis）或假性肌肥大（pseudohypertrophy），一般患者大约在3岁时，骨骼肌便逐渐弱化，起初患者在爬楼梯或跑步时发生困难，然后逐渐变为摇摆步式，显现笨拙或缓慢的情形，在肌肉萎缩症末期，患者最后需要依靠轮椅来行动，甚至可能要躺卧病床，直到去世。

四、脊椎神经损伤

脊椎神经损伤（spinal cord injury）多数是交通、运动或跌倒等意外伤害而造成的，损伤的程度决定于麻痹的部位，因为不同部位由不同神经控制着不同的感觉和运动（图2-1）。脊髓神经损伤、下肢麻痹或四肢麻痹患者常见的问题有排尿、呼吸、褥疮性溃疡等，需要长期的复健，但不能恢复正常功能。此外，脊椎神经损伤患者多数伴有情绪障碍的问题，依赖心理咨询的辅导治疗。物理治疗、复健治疗、辅助科技（assistive technology）等协调性、矫正性与治疗性的协助，有助于患者扩大日常生活功能，例如轮椅有助于行动、手动辅具的控制有助于控制驾驶车辆、低科技的钩扣有利于穿着衣物、大手把的器皿有助于饮食等。此外，发展替代的肌肉群来取代没有功能的肌肉群，也有助于患者的复健。多数的中度、重度、极重度脊椎神经损伤的儿童均伴有多重障碍。

五、脊椎肌肉萎缩

如同肌肉萎缩，脊椎肌肉萎缩（spinal muscular dystrophy）也是一种进行性疾病，多数患者会逐渐死亡，它是一种遗传性异常所导致的肌肉虚弱无力，其恶化的速度从缓慢到快速不一，但终将导致死亡。通常萎缩症患者首先会由两腿开始恶化萎缩，然后进行到肩膀的肌肉束带、上臂和颈部等地方。若患者恶化的速度较为缓慢，则较容易产生忿恨和挫折的感觉。此种疾病患者通常会伴随身体羸弱

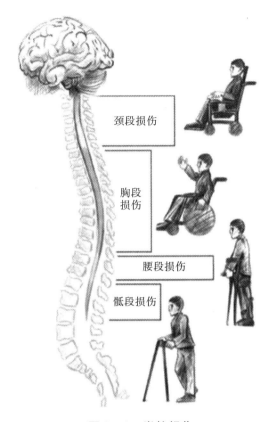

图 2-1　脊柱损伤

（图片来源：陈悦琦　吴毅）

及情绪障碍等问题。

六、成骨不全症

成骨不全症（osteogenesis inperfecta），又名脆骨病（fragilitas ossium）、原发性骨脆症（idiopathic osteopsathyrosis）、骨膜发育不良（periosteal dysplasia）。这种疾病是一种先天性遗传疾病，其骨骼的发展在质与量上较同年龄正常儿童均不足，患儿也常被叫作"瓷娃娃"。临床表现上轻者可无症状，正常身高，仅轻度易发骨折。重者残疾，甚至死亡。一般出现的症状为骨脆性增加，轻微损伤即可引起骨折,严重者微笑或打喷嚏都会骨折。常表现为自发性骨折,或反复多发性骨折。骨折大多为青枝型,特点是移位少,疼痛轻,愈合快,依靠骨膜下成骨完成,畸形愈合多见,肢体常弯曲或成角;一般过了青春期,骨折次数会逐渐减少;可有脊柱侧凸,骨盆扁平,或有身材矮小;关节松弛,肌腱及韧带的胶原组织发育障碍可有畸形,关节不稳定;由于胶原组织有缺陷,可见肌肉薄弱和皮肤瘢痕加宽。

脆骨病患儿的眼睛可出现蓝巩膜、巩膜变薄、透明度增加的情况。牙齿缺损也是常见的后遗症与并发症,可见牙齿发育不良,灰黄,切齿变薄,切缘有缺损。患者存在的进行性耳聋源自听骨硬化、声音传导障碍或是听神经出颅底时被卡压所致。中耳听骨的发展不全会使此类患者有重听的现象,但不见得就会影响其学习能力。此外患者的骨骼在长度和硬度上会明显的不足,也易使骨骼变得脆弱,有时甚至从事简单的活动也会导致骨折。应积极预防骨折,采取保护措施,避免造成骨折的伤害,要训练儿童的柔韧性、耐力和力量,鼓励各种形式的安全主动运动,从而在最大限度上增加骨量、增强肌肉力量,促进独立生活能力,胜任一些力所能及的工作,一直到骨折减少为止,同时要注意防止长期卧床的并发症,可佩戴支具以保护并预防肢体弯曲畸形。存在此障碍的个体多数伴有听觉与肢体障碍,但智力和生殖能力一般无障碍。但是,成骨不全患儿却常因住院次数多、课堂学习缺席频繁,而使得学业成绩不太理想。

七、儿童类风湿关节炎

儿童类风湿关节炎(juvenile rheumatoid arthritis,JRA)是 2001 年国际风湿病联盟儿科委员会对儿童时期(小于 16 岁)以慢性关节滑膜炎为特征,并伴有全身多系统的受累,包括关节、皮肤、肌肉、肝、脾、淋巴结的一种常见的结缔组织病的统称。年龄较小的儿童类风湿关节炎患儿常先有持续不规则发热,其全身症状较关节症状更为明显。国外幼年特发性关节炎的发病率约为113/10万，占全部风湿性关节炎的5%。年长患儿较多限于关节症状。本病的病因不明，一般认为与免疫、感染及遗传有关。此病临床表现各型极为不同，婴幼儿全身症状主要表现为弛张热及皮疹等，较大儿童多可出现多发性关节炎或仅少数关节受累。根据起病最初半年的临床表现一般将此病分为三型，即全身型、多关节炎型和少关节炎型。

此病的病理改变以关节病变为主，呈慢性非化脓性滑膜炎。早期关节滑膜充血、水肿，伴有淋巴细胞及浆细胞浸润。滑膜积液增多，滑膜增生形成绒毛状突出于关节腔中。滑膜炎继续进展，进入晚期。滑膜绒毛状增生波及关节软骨，并形成血管翳。软骨可被吸收。软骨下骨被侵蚀，随之关节面相互粘连，关节腔为纤维组织所代替，引起关节强直、畸形或半脱位。

此病是以肢体障碍为主的多重障碍，是节及其周边组织慢性发炎引起疼痛的慢性疾病。关节炎的成因很多，有细菌感染、风湿热、外伤、痛风、类风湿、退化及其他非关节性风湿等引起的关节炎。该病发作时，除了会疼痛以外，多会有局部灼热感、情绪不稳定、表情呆滞、学习迟缓等反应，因此儿童会因长期请假缺课，而影响其学习及学业成绩。此外，由于患者久坐一处时，易使其关节形成乳胶体，故患者居家或在校时应常走动，教师亦应允许并让学生在课堂上略微活动与走动。行动辅具如支架、拐杖或轮椅对于此类型的儿童是必要且有益的。

八、肢体残缺

严格来讲，肢体残缺（limb deficiency）是一种肢体障碍，属于肢体残疾中的第一种情况：上肢或下肢因外伤、病变而截除或先天性残缺。但是有些肢体残缺同时会伴有肌肉骨骼损伤、肢体行动障碍、心理情绪困扰等，因而需要多方面的教育。肢体残缺是指先天与生俱来、后天意外伤害及因病截肢者。缺肢或截肢影响身体活动及正常功能，也容易影响其心理社会的正常发展。一般而言，肢体残缺者的心理适应问题，与年龄、肢体残缺的严重程度、双亲态度及服务人员的态度有关。通常使用辅助科技、安装义肢、发展补偿能力是较常见的处置方法。此外家长若能有效参与复健计划，并使肢体残缺儿童早日接受复健训练，均可有效提升此种以肢体障碍为主的多重障碍者的日常生活功能。不过该障碍类型并不见得会有智能障碍的情况发生，因此也不会影响其认知学习能力。

九、相关的症候群

与重度障碍相关的症候群（syndromes）有：莱施－奈恩综合征（Lesch－Nyhan syndrome）、唐氏综合征（Down syndrome）、脆性X染色体综合征（fragile X syndrome）、普拉德·威利综合征（Prader－Willi syndrome）、Angelman综合征（Angelman syndrome）、雷特综合征等。其中患有普拉德·威利综合征与Angelman综合征的儿童有多重障碍的情况较多。

1. 莱施－奈恩综合征

莱施－奈恩综合征是患者体内嘌呤代谢过程中的关键酶次黄嘌呤鸟嘌呤磷酸核糖基转移酶缺陷引起的一种X染色体连锁隐性遗传疾病。其主要病症为精神发育迟缓、强直性脑麻痹、舞蹈性手足徐动症、强迫性自残等，而血尿酸和尿尿酸水平升高以及肾尿酸结石形成只是其一个伴随现象。

2. 唐氏综合征

唐氏综合征即21三体综合征，又称先天愚型或Down综合征，是染色体异常（多了一条21号染色体）而导致的疾病。60%的患儿在胎内早期即流产，存活者有明显的智能落后、特殊面容、生长发育障碍和多发畸形。唐氏综合征发生率与母亲的怀孕年龄相关，系21号染色体的异常，一般有三体、易位及嵌合三种类型。高龄孕妇、卵子老化是发生染色体不分离的重要原因。患儿具有明显的特殊面容体征，如眼距宽，鼻根低平，眼裂小，眼外侧上斜，有内眦赘皮，外耳小，舌胖，常伸出口外，流涎多。身材矮小，头围小于正常，头前、后径短，枕部平呈扁头。颈短、皮肤宽松。骨龄常落后于年龄，出牙延迟且常错位。头发细软而较少。前囟闭合晚，顶枕中线可有第三囟门。四肢短，由于韧带松弛，关节可过度弯曲，手指粗短，小指中节骨发育不良使小指向内弯曲，指骨短，手掌三叉点向远端移位，常见通贯掌纹、草鞋足，约半数患儿跗趾球部呈弓形皮纹。患儿常呈现嗜睡和喂养困难，其智能低下表现随年龄增长而逐渐明显，智商 25～50，动作发育和性发育都延迟。唐氏综合征男婴长大后无生育能力。而女性患儿长大后可能有生育能力。患儿常伴有先天性心脏病等其他畸形，因免疫功能低下，易患各种感染，白血病的发生率比一般增高 10～30 倍。如存活至成人期，则常在 30 岁以后即出现老年痴呆症状。

3. 脆性 X 染色体综合征

脆性 X 染色体综合征是人体内 X 染色体的形成过程中发生突变所导致。在 X 染色体的一段 DNA，由于遗传的关系有时会发生改变，一种为完全改变，另一种为 DNA 过度甲基化。如果这两种改变的程度较小，那么患者在临床表现方面可能没有特殊的症状或者只有轻微的症状。反之，如果这两种改变的程度较大，就可能出现如下所述的脆性 X 染色体综合征的种种症状。脆性 X 染色体综合征是发病率仅次于唐氏综合征的又一大类与智力发育低下有关的人类遗传病。脆性 X 染色体综合征的发病率在男性人群中为 1/1200～1/2500，在女性人群中发病率为 1/1650～1/5000。也就是说，每 1200 到 2500 个男性中就有一名是脆性 X 染色体患者，大致占男性智力低下患者的 4%～8%。在女性人群中相应来说略低。

在生理及体形方面，脆性 X 染色体综合征患者往往有明显可辨的特征。患者一般脸形较长，双耳明显超大，前额和下颌突出，嘴大唇厚。到了青春期后，男性脆性 X 染色体综合征患者的睾丸比正常人要大。由于他们在认知和社交方面的严重缺陷，导致他们往往较少有两性方面的要求。脆性X染色体综合征患者中还有许多人伴有高血压，这可能与他们比较普遍的焦虑心态有某种联系。另外，有20%左右的脆性X染色体综合征患者，同时又有癫痫病史。

在认知方面，脆性X染色体综合征患者往往具有智力障碍的症状。在男性中，有16%的患者有极重度智力障碍，29%的患者有重度智力障碍，46%的患者有中度智力障碍，7%的患者有轻度智力障碍，其他则处于边缘性或正常的智商状态。在女性中，具有智力障碍的患者的比例较低，极重度和重度智力障碍约为8%，中度和轻度智力障碍为30%左右，其他大部分X染色体有突变的女性都处于边缘状态或具有正常的智商。另外，脆性X染色体综合征患者往往对于以声音为媒介的抽象复杂信息的处理能力较低，而对于物体图像的记忆能力则较强。

在语言方面，大部分脆性X染色体综合征患者都能说话。但是，他们常常会不断地重复同样的词语和话题，说话较快而含糊不清，因而往往较难为他人所理解。不少时候，他们还会发出一些没有意义的声音。由于许多脆性X染色体综合征患者都有多动的倾向，所以他们在实际的语言交流过程中，往往难以围绕同一个话题展开讨论，同时在交谈中常常有易于冲动和缺乏必要的克制等问题。

4. 普拉德·威利综合征

普拉德·威利综合征又称低肌张力－低智力－性腺发育低下－肥胖综合征，病因源于第15号染色体基因缺陷，发生率为1/10000。与其他基因病症不同的是普拉德·威利综合征并不遗传，它是在卵子(精子)或胚胎形成阶段产生的基因缺陷，也就是在第15号染色体的长臂上有10多个基因被遗漏或抑制。科学家认为，普拉德·威利综合征患者的基因还与下丘脑的功能相关，下丘脑是大脑中最先为人们探明的区域之一。下丘脑传递激素反应，控制代谢系统，比如心脏速率、体温以及人体生长等。患儿在新生儿期喂养困难、生长缓慢，一般自 2 岁左右开始无节制饮食，因此导致体重持续增加及严重肥胖，需预防因肥胖导致的糖尿病、高血脂、高血压、脊柱侧弯等。患儿一般拥有正常语言能力，但实际智商低于普通人，其平均智力在 40～100，通常也伴有语言表达方面的障碍。患儿多数身材矮胖、代谢缓慢，手脚均较小，嘴巴的形状则是与众不同的三角形；眼形呈杏仁状；会习惯性地咬指甲。此外，患儿的第二性征发育迟缓且不够明显，而且知觉动作发展较慢。最常见的行为是带有强迫性的举动，比如抓皮肤，反复提疑问；总喜欢收集物件，并对其反复重新摆放。他们往往固执己见，还有不少人记忆超群或在某方面技能超群，如擅长玩拼图。

5. Angelman 综合征

Angelman 综合征亦称天使人症候群，是由于 15q11-13 区间母源印记基因缺失或下调，从而出现了异常的智力低下表现型，即单亲二体（2 条染色体都来自父本）。由于母本遗传印记缺陷导致了异常表现型。罹患此症的患者，脸上常有笑容，缺乏语言能力、过动，且智能低下，发生率为 1/25000。患者脑部结构通常正常，但是脑电图扫描（EEG）却经常可观察到脑电波异常的情况。此症患儿身体会有不自主性的抽搐，走路时脚呈现僵直，睡眠时间较一般儿童少的状况。此外，患儿的脸部有异常特征，如嘴巴笑起来时特别大、上嘴唇较薄、眼眶相当深等。同时患儿身体毛发与肤色光亮，并约有 80% 的患儿伴有癫痫，约 50% 患有小头症。患儿的行为特征与自闭症儿童颇为类似。患儿多数无语言能力或语言能力很差、喜欢拍手、注意力不集中、知觉动作迟缓，但不像自闭症患儿那样不与别人互动，该类型的患儿与他人互动、有感情且容易快乐，但大多不直接与人接触。

6. 雷特综合征

雷特综合征是一种神经发育障碍性疾病，主要是 *MECP2* 基因上的突变或缺失引起，*CDKL5* 基因和 *FOXG*1 基因突变也是致病的原因。其致病机制仍在探究中，目前尚无有效的治疗方法。雷特综合征多发于女性，发病率在1/10000~1/15000。该疾病大部分呈散发特征，不分种族或地域。雷特综合征的临床症状包含了自闭症、脑瘫、阿尔茨海默症、癫痫的主要症状，还有共济失调、目的性手部功能丧失、言语障碍、呼吸异常等情况。其症状一般有发育迟缓、头部发育异常、语言能力受损、智力低下、癫痫等。患者头部发育异常，一般表现为头围较小、前额后缩、头部畸形等。患者语言表达障碍，存在词汇量减少、语句贫乏等症状。患者脑部神经发育异常，常会导致大脑神经元异常放电，从而引起癫痫的症状，一般表现为口吐白沫、肢体抽搐等。发育倒退是雷特综合征最典型的特征，一般有4个发展阶段：Ⅰ期初发停滞期(6~18个月时起)、Ⅱ期发育快速倒退期(1~4岁时起)、Ⅲ期伪稳态期(2~10岁时起)、Ⅳ期晚期运动机能恶化(10岁以上时起)。如果患儿存在一部分Rett综合征的临床症状但不符合所有诊断标准时，称为非典型Rett综合征，又可细分为：①保留语言型非典型Rett综合征，患者保留有一定的语言功能；②早发癫痫型非典型Rett综合征，其特征为生后1周至5个月出现癫痫发作，同时具有手刻板动作、手功能异常，以及严重的智力运动发育落后；③先天性非典型Rett综合征，患者出生6个月内发病。

十、其他有关的疾病与征候群

除了上述疾病以外，有些疾病也或多或少与重度障碍和多重障碍有关，诸如癫痫、儿童糖尿病、水脑症、气喘、心脏病、过敏、湿疹、血友病、纤维性囊肿、镰状细胞贫血、癌症、艾滋病、自闭症、Usher症状群之盲聋双障、苯丙酮尿症、半乳糖血症、多发性硬化症、结节性硬化症等。

患有上述疾病的病情严重的儿童大多具有重度障碍或多重障碍，即上述疾病可能引起重度障碍或多重障碍，但是不能说患有上述疾病的儿童就一定是重度或多重障碍儿童。重度或多重障碍儿童的家长迫切希望教师能够了解儿童的病情,在学校中能够给儿童提供适当的帮助。

 思考题

1. 重度障碍的成因有哪些?
2. 重度障碍的相关疾病有哪些?
3. 教师为什么需要了解与重度障碍相关的疾病?

第三章 重度障碍儿童的特征及特殊需要

第一节 重度障碍儿童的特征

重度障碍群体中既包含着各个障碍类别中障碍严重程度部分（如我国残疾人一级、二级程度），也包含多重障碍的群体，所以这是一个异质性很大的群体，对其特征进行归纳与对其下定义同样困难。重度障碍个体的有关行为与学习特征也不仅仅是所有不同障碍的特征的组合。但是通过了解各种障碍的特征，将有助于了解重度障碍的特征。下面将先对各个障碍类型的特征进行简要的介绍，再对重度障碍者的常见特征进行概括。

一、各个障碍类型的特征

（一）智力障碍

智力障碍一般指的是大脑受到器质性的损害或是脑发育不完全从而造成认知活动的持续障碍，以及整个心理活动的障碍。遗传变异、感染、中毒、头部受伤、颅脑畸形或内分泌异常等有害因素造成胎儿或婴幼儿的大脑不能正常发育或发育不完全，使智力活动的发育停留在某个比较低的阶段中，称为智力迟滞。大脑受到物理、化学或病毒、病菌等损伤使原来正常的智力受到损害，造成缺陷，则称痴呆。智力障碍是一种以智力功能和适应行为都存在显著限制为特征的障碍。障碍指发生于18岁之前。2006年,我国残疾人抽样调查修订中界定的智力残疾,是指智力水平显著低于正常人,并伴有适应行为的障碍。智力障碍儿童有以下特征:

(1)智力方面:智力测验得分在平均数两个标准差以下或百分等级在三以下,智商70以下。

(2)学习能力方面:感知速度慢,注意力严重分散、注意广度非常狭窄,记忆力差,学习速度和反应较同龄儿童慢,各学科学习成绩落后。思维能力差,缺乏抽象思考能力、想象力和概括能力,不能举一反三。概念及组织能力差。基本上无数字概念。

(3)自我照顾、安排生活能力:日常生活能力较一般同年龄儿童差,语言理解及表达能力差导致无法进行有效沟通,缺乏随机应变的能力,无法随问题情境而调整自己的行为。情绪不稳定,自控力差。

(4)团体生活能力方面:难于融入同辈团体,常受到孤立或冷落,社交能力不足。常和年幼的友伴游玩,不易理解团体游戏的规则,难于独当一面承担任务。

(5)动作能力方面:动作发展迟缓,知动协调能力有困难。

(二)视觉障碍

视觉障碍,也称为视力残疾,是指各种原因导致双眼视力损伤或视野缩小,难以从事正常人所能从事的工作、学习或其他活动。视觉障碍主要包括盲和低视力两类。视觉障碍儿童有以下特征:

(1)感知觉方面:视觉障碍儿童的认知途径主要是听觉和触觉,长期的运用可能使患儿的听觉和触觉的灵敏度较正常人高。但未必所有视觉障碍儿童的感官补偿都优于正常儿童。儿童的定向行动能力会因视觉障碍受到显著的限制。

(2)语言方面:视觉障碍儿童使用和理解语言的能力不会受到影响,不过,若早期所累积的经验不足会影响到智力的表现(Kirk,

Gallagher，7 Anastasiow，1998）。日常语言的使用或沟通能力正常，不过对于语言与词汇的概念和类化上会有限制，即缺乏视觉表象，视觉障碍儿童的语言缺乏感性认识做基础，导致语言与实物脱节。此外，他们不会用表情、手势和动作辅助语言表达。

（3）思维方面：视觉障碍儿童对事物的感知受到限制，通过其他感觉获得的感性材料往往只是反映事物的局部特征，以此作为依据进行分析和推理就很容易产生错误的判断。此外，视觉障碍儿童失去了视觉，常独自沉思默想，勤动脑使思维比较敏捷。因此，在学业成就方面，盲或弱视儿童未必落后于同龄儿童。

（4）个性方面：部分视觉障碍儿童个性内向，不易与人融洽相处，随着年龄的增长而愈加明显。因为自身的缺陷容易产生自卑心理，对生活态度消极。对自己的缺陷敏感，注意别人对自己的议论、看法，有时表现孤傲。因此，在社会适应方面会有情绪困扰的问题，如焦虑、消沉、颓废、松懈、灰心、冷漠、幻想、退化、发泄、攻击、报复、孤独等。

（5）行为方面：有些视觉障碍儿童会出现刻板行为，即重复性的动作，如摇晃身体和头等，原因主要在于缺少外部刺激时会进行自我刺激。

（三）语言障碍

语言障碍是指语言的理解、表达以及交流过程中出现的障碍，包括口头语言障碍、书面语言障碍、躯体语言障碍、内部语言障碍。2006年，我国残疾人抽样调查中"言语残疾"的定义为：各种原因导致的不同程度的言语障碍（经治疗1年以上不愈或病程超过2年者），不能或难以进行正常的言语交往活动（3岁以下不定残）。

语言障碍中包含以下几种不同的情况：

（1）构音异常：说话的语音有省略、替代、添加、歪曲、声调错误或含糊不清。

（2）声音异常：说话的音质、音调、音量或共鸣和个人性别或年龄有不相称的现象。

(3)语畅异常：说话的节律有明显且不自主重复、延长、中断，即口吃、结巴。

(4)语言发展异常：语言的语意、语法、语用、语形的发展，在理解和表达方面，较同龄者差。

语言障碍对儿童还存在其他方面的影响，如在学校的学习和日常生活中的交流；语畅异常的情况还会对儿童的心理造成不良影响，可能出现自卑、不敢和他人交流的情况。

(四)听觉障碍

听觉障碍，也称听力残疾，是指各种原因导致双耳听力丧失或听力减退，以至听不到或听不清周围的声音，难与他人进行正常的语言交往活动。听觉障碍包括聋和重听两类。听觉障碍儿童一般有以下特征：

(1)感知觉方面：由于听力损失，听觉障碍儿童主要依靠视觉、皮肤觉、味觉、嗅觉等途径感知外界事物，而听觉不起或仅起很小的作用。听觉损伤限制了儿童的感知觉活动的范围和深度。他们的感知觉活动缺乏语言活动的参与，使他们的感知觉活动与学习语言的活动不能同步进行，第一信号系统与第二信号系统出现脱节，造成他们接触的东西多，会说的却很少。

(2)语言方面：听觉障碍儿童的语言理解和表达方面会受到严重的影响。他们的口语和书面语表达上经常是不通顺的。听觉障碍儿童语言形成的过程与健全儿童不同，由于缺少了听觉的帮助，不能适时形成口语，很多儿童错过了语言发展的关键期。此外，听觉障碍儿童还要学习和运用手语以及看话(亦称看口、唇读)作为与正常人的交流方法。

(3)思维方面：听觉障碍儿童的抽象思维活动因语言形成和发展的缓慢受到影响，具有明显的形象性，思维发展水平比较长地处在具体形象思维的阶段，即人的思维发展整个历程中的初级阶段。大

多数的听觉障碍儿童有正常的智力,运用儿童所熟悉的符号系统来实施非口语测验时,这些儿童会在正常范围内表现得很好(Schlesinger,1983)。但多数听觉障碍者在学业成就方面有严重的缺陷,尤其是与语言有关的语文能力。

(4)社会适应方面:会有不易交友的问题和寂寞的自我感觉。他们容易聚集在一起,彼此提供归属感与自尊心,而形成聋人文化(Moog & Geers,1991)。

(5)行为方面:部分听觉障碍者与家庭其他成员进行情感的交流困难,而与同样是听觉障碍的伙伴交流则比较容易。少数听觉障碍儿童由于受到不良团体的影响会有反社会行为,如偷窃行为等。

(五)肢体障碍

肢体障碍,也称肢体残疾。2006年,我国残疾人抽样调查中对肢体残疾的定义为:肢体残疾,是指人的四肢有残缺,或者四肢和躯干麻痹、畸形,使人体运动系统出现不同程度的功能丧失或功能障碍。划分肢体残疾等级时需综合考虑有几处残疾、致残部位高低和功能障碍程度。

肢体障碍儿童主要的障碍是行动不便和生活上的困难,此外在其他方面也可能存在一些障碍。

(1)智力和认知能力:肢体障碍群体中,脑瘫儿童可能在智力和认知能力方面有一定的障碍,其余单纯肢体障碍的儿童智力多为正常。

(2)沟通能力:大部分脑瘫儿童存在语言障碍,其余肢体障碍儿童一般没有语言沟通方面的问题。

(3)社会适应能力:肢体障碍儿童主要在社会适应方面存在以下问题。

①敏感自卑的心理和对他人的依赖感并存。肢体残疾儿童多在生活自理能力方面存在很大的困难,生活的方方面面都需要他人的帮助。他们很容易因此产生一种自卑心理和依赖感。对自己的障

也因此比较敏感，容易怀疑别人嘲笑其肢体障碍。

②行动方面的不便导致的多重孤立状态。肢体障碍儿童行动不自由，加上无障碍的交通环境做得不够完善，到许多地方都不方便，造成其行动空间的孤立。行动空间的孤立导致他们与外界交往的减少，也因此形成心理空间的孤立，即自我封闭，不愿与他人交往，认为别人会歧视自己。由于他们的障碍也常引发同龄人的孤立，和其他小朋友一起玩时，动作较慢或不方便，多会遭到他人的排斥。

③因肢体障碍导致的挫折感。多数有肢体障碍的儿童从幼年起就在生活的各方面屡遭挫折，再加上他人的冷眼、取笑或对他们来讲不必要的同情都会增加他们的挫折感。他们一般采用退缩、反抗、防卫和补偿自己缺陷这几种不同方法来维护自尊。

④对前途的忧虑。一方面是对身体健康的忧虑，另一方面是由此产生的对未来前途的忧虑，尤其是随着年龄的增长不断认识到自身肢体的障碍对自己投入社会工作所造成的巨大障碍。

（六）身体病弱

身体病弱是指身体长期患有慢性疾病或体质孱弱，以致不能正常地接受教育。在美国，也称作其他类型的健康损伤。身体病弱儿童常患有的慢性疾病有心脏病、肺病、哮喘、肾脏疾病、肝脏疾病、血液病、内分泌疾病（如糖尿病、甲状腺异常）、癫痫、脑瘫、恶性肿瘤、癌症等。身体病弱儿童多有以下特征：

(1)身体方面：身体病弱儿童因为患有慢性疾病，身体较为虚弱无力，容易晕倒，进行轻微的运动也会感觉不适。有部分身体病弱儿童身体异常肥胖、瘦弱或发育不良，或因身体病弱产生肢体活动的障碍。身体病弱儿童的慢性疾病可能反复发作，需定期到医院检查或长期住院治疗。某些疾病会造成儿童外表伤残，使儿童的生活适应出现困难。

(2)心理方面：身体病弱儿童的饮食和作息方面会受到多种限制，使其生活起居和活动无法自如，从而造成烦躁不安的心情。身体病弱导致经常或连续缺课,不能与同学融洽相处以及更多的交流,影响儿童的社会化。因为长期往返医院治疗,需忍受离家的寂寞,无法享受家庭的温馨。由于父母歉疚和补偿的心理,使身体病弱儿童过分依赖父母或其不良行为被放纵,儿童缺乏独立的意愿。部分身体病弱儿童对自身缺乏信心和安全感,在团体中会表现出孤立退缩的现象。身体病弱儿童会因自己的疾病产生自责,认为自己连累了父母和家人,有心理上的负担。

(七)情绪与行为障碍

情绪与行为障碍泛指儿童或青少年持续性地表现为外向性的攻击、反抗、冲动、过动等行为,内向性的退缩、畏惧、焦虑、忧郁等行为,或其他精神疾病等问题,以致造成个人在生活、学业、人际关系和工作等方面的显著困难,因而需要提供特殊教育与相关服务。情绪和行为障碍儿童多有以下特征:

(1)智力和成就方面:严重情绪障碍儿童和青少年智力程度中等(90左右),只有少数智商在中等以上。多数严重情绪障碍儿童和青少年是学习缓慢者与轻度智能障碍,在学校也是低成就者(Kauffman,1993)。

(2)社会和情感方面:大多数的严重情绪障碍儿童和青少年会出现攻击和退缩行为,他们通常不受同龄者的欢迎。大多数的严重情绪障碍儿童和青少年常出现的行为异常,如打架、戏弄、碰撞、大叫、不顺从、哭泣、破坏及野蛮动作等(Hallahan & Kauffman,1994)。有些严重情绪障碍儿童和青少年则有注意力缺陷过动异常或脑损伤;有些表现出退缩行为的儿童和青少年在行为上是幼稚的或极不情愿与他人互动。他们通常是社会性孤立,很少与同伴玩耍,缺乏玩乐的能力。他们中有些会产生害怕心理;有些会退化到先前的发展阶段,同时要求他人不断地协助和注意;有些则会产生莫名的沮丧,甚至造成自杀(Kovacs,1989)。

（八）自闭症

自闭症，亦称孤独症或全面性发育障碍，是一种神经心理功能异常而导致社会沟通、社会交往和行为三方面同时出现严重问题的综合征。

1. 语言发展方面

（1）语言发展迟缓：缺乏口语能力或语言缺乏功能性；误用人称代名词；从一个话题向另一个话题转变时，很难改变自己的注意焦点；同两个以上的人交流时，很难保持同一个交流的话题；因反复行为而影响交流；与交谈者很难保持视线接触。

（2）重复性语言：包括即时性重复和延时性重复。

（3）语言的声调、重音、速度、节律及音调等方面的异常。

2. 社会交往方面

部分自闭症儿童不能进行社会交往，很难建立伙伴关系，依恋关系缺乏，在感情和社会互动方面较困难。

3. 兴趣和行为方面

自闭症儿童兴趣异常狭窄，容易发生反复性行为、自伤行为、攻击性行为、自我刺激行为和同一性行为。日常生活能力比较缺乏。

4. 感知觉和运动方面

许多自闭症儿童有明显的感知觉障碍，有些儿童对感觉刺激如光、噪声、触觉或痛觉等反应过度迟钝，有些儿童则反应过度敏感，或无法过滤整合有效信息，并做出适当的反应。自闭症儿童也存在运动性障碍。这些运动性障碍包括体态的异常，眼睛、面部、颈部、躯体、四肢的运动异常，重复性的手势和动作以及笨拙的走路姿态等。

5. 认知能力

自闭症发生在各种智力水平的儿童身上，部分自闭症儿童常伴随着智力障碍。在医疗史上，自闭症和智力障碍一度被认为是没有区别的。20世纪80年代，多达69%的自闭症患者被诊断有智力障碍。

2014年，在学界制定了更明确的自闭症诊断标准后，这个比例降低至30%。

二、重度障碍儿童的常见特征

虽然已了解各类型障碍儿童所具有的不同特征，但并不意味着重度障碍儿童的行为特征与学习特征是各种不同障碍特征的简单组合或相加，而是会形成更加复杂的情况，对教育和康复工作带来更大的困难和挑战。重度障碍个体发生障碍的种类繁多，再加上其中多重障碍个体的障碍是由两种或两种以上障碍的联合存在而构成的独特的障碍，使得重度障碍个体的特征多样而复杂。重度障碍个体的异质性往往远大于共同性。下面概括重度障碍群体存在的常见特征：

1. 智力和认知能力

大部分重度障碍儿童的智力功能存在严重困难。并且他们在学习能力上差异很大。许多重度障碍儿童不能读写，或不能完成传统的学业任务。也有一些患儿的功能性学科能力得到一定的发展，如购物、认识路标。另外，很多重度障碍者的注意力水平有限。重度智力障碍个体可能一天大部分时间出现睡觉、哭闹或表现出其他刻板行为，但他们有时候也能被周围的事情唤醒或对某事物感兴趣。

2. 社会性行为能力

很多重度障碍儿童缺乏典型的社会交往表现，其所表现出的社会性行为往往不是过多，就是太少（退缩）。一般而言，社会性行为，如合作、社交礼仪等在工作场合中是相当需要的，然而重度障碍个体在这方面的表现，往往不易被一般不了解障碍者的正常人所接受。一个普遍的误解是重度障碍者不能进行适当的社会交往。事实上，在成功的融合学校中，教师、家长和朋友经常会描述他们和重障碍儿童的交往和友谊。

3. 沟通能力

除了重度的视觉障碍和肢体障碍的个体语言能力较好，许多以智力障碍为主的重度障碍学生以及以自闭症为主的重度障碍儿童和成人都无法进行正常交流与沟通。多数的重度障碍者在语言上只能说出几个字或较短的句子，有时重度障碍学生会因无法用语言表达基本需求，因此会形成不适当的行为，譬如哭泣、攻击行为与发脾气等。也有一些重度障碍者用手势和表情表达他的情绪，这说明他能理解人们对他说的话。

4. 自理能力

多数的重度障碍儿童缺乏生活自理能力与技能。对一般正常儿童而言都相当容易的生活自理能力，像仪容整洁、饮食、穿着、如厕等技能，重度障碍学生学习都需要花一段很长的时间，或在学习上亦有可能会发生困难。因此，学校和成人的计划里特别包括对自我照顾技能的教育。需全方位照顾的学生的目标不是独自完成自我照顾项目，而是在有人协助时，能尽可能地参与，如吃饭时保持清醒，刷牙时不哭闹。

5. 身体行动能力

大多数的重度障碍儿童都缺乏身体移动的能力和理解记忆的能力，所以要求他们能在行动上完全独立自主是相当不容易的。尤其对于伴随有肢体障碍的多重障碍者而言，行动更会受到限制。

6. 生理发育情况

有些重度障碍的儿童由于脑部或脊髓受伤，常会有不自主的反射动作与姿势异常；或存在新陈代谢或荷尔蒙分泌异常，有些有发展迟缓、身体健康情况持续性恶化或老化的现象；有些儿童则因障碍或损伤伴随有癫痫、呼吸问题、耳朵感染、皮肤溃烂、气喘、过敏等现象；有些则有视觉、听觉或两者以上的感官障碍或损伤；等等。

7. 学科学习能力

部分重度障碍儿童如果没有智力损伤的情形，可以和普通人一样学习听、说、读、写、算等基本学业技能。但多数的重度障碍儿童在基本学科，如阅读、算术、写字、写作方面的学习能力是相当有限的，也因此影响其日常生活技能的发展。

8. 职业技能

目前虽有许多研究文献指出，重度障碍学生的职业技能还不足以进入就业市场，但这并不表示他们完全不具有接受职业能力训练的能力，很可能是重度障碍学生还没有接受有效的职业训练与就业安置的原因。

9. 其他特征

许多重度障碍学生通常会伴随着其他障碍，而且当障碍程度愈严重，伴随着其他种类的障碍也就愈多，可能性也愈大。有些重度障碍儿童会有自我刺激的行为，如身体或头部的前后摇晃、弹手指、磨牙、旋转物品、玩弄或咬手指等；或者有自伤行为，如用自己的身体或头部撞击坚硬的物体或墙壁、打、拧、抓、搔、挖，甚至咬自己、戳眼睛或受伤的伤口等。

将以上特征可归结为以下几个要点：

（1）生理方面出现发展迟缓或持续恶化的现象。由于身体运动能力和理解记忆能力不佳，使重度障碍儿童行动上不易完全自主。

（2）除少数智能并未受损伤的儿童外，多数重度障碍儿童基本的认知能力和学习能力有限。语言沟通能力不佳，或者无法用语言沟通，因而会出现不适当行为，如哭泣、发脾气等。

（3）社会性行为频率不适当，或者过多，或者过少。缺乏生活自理能力和技能。

通常重度障碍儿童会伴随其他障碍，伴随障碍类型越多，其障碍程度可能越严重。有些重度障碍的儿童会有自我刺激行为及自伤行为。

三、重度障碍个体的职业潜能

有些人怀疑重度障碍者的本身各方面能力和职业潜能水平，而质疑他们进行生涯规划的必要性。尤其重度障碍者彼此之间存在的生理和心理的差异程度极大。他们自身的就业意愿、障碍程度的轻重、障碍者本身的工作潜能等均会影响重度障碍者的就业内容、工作品质和生涯发展。实际上，重度障碍者即使是极重度障碍者都具有相当程度的生涯职业潜能，而且其生涯职业潜能是可以开发运用和提升的。一般而言，障碍者的工作行为和生涯职业潜能可通过职业辅导评量（vocational evaluation）的程序加以评估和分类（Nadolsky, 1985）。

传统上而言，早期多按重度障碍者的智能障碍的程度将障碍者的生涯职业潜能归纳为以下几种（Brolin, 1982）：

（1）大多数的轻度障碍者可习得半技术或非技术但具有竞争性的职业工作能力。

（2）大多数的中度障碍者可习得半独立的职业工作能力，或被加以训练而具有从事竞争性职业的工作能力。

（3）大多数的重度障碍者可习得于教养式的职业技艺发展中心或庇护工场中应有的职业工作能力。

（4）大多数的极重度障碍者则一般于养护机构中接受照顾。

很明显地，这种分类方式将重度及极重度障碍者排除于生涯辅导与规划的范畴，而教养机构及养护机构成为其生涯最终的归宿。然而，随着障碍者的保险与就医、教育训练与就业辅导、生活维护与救济等在世界各国逐渐地受到重视和呼吁，这种将重度及极重度障碍者排除于就业世界的职业生涯潜能归类已有所调整和改进。比如，经由支持性的教育和协助，具有多重聋盲及重度智障者可从事组装复杂的电子零件板（Gold, 1976）。此外，与服务业有关的餐饮、清洁、洗衣等行业，多重障碍者也可以通过支持性就业训练的指导而获得竞争性的职业工作能力（Wehman, 1988）。

因此，虽然重度障碍者个体间的差异性过大并且其个别的生涯职业潜能不同，但只要经过正确与客观的个别化评估过程，他们的身心发展特点与生涯职业潜能仍可以明确地被界定与评估。如能再配合适当的生涯规划，再进行职业生活相关的协助与训练，则重度障碍者从事适当的工作的可能性则大大提升。这不仅有助于保障他们的工作权，也更积极地促使他们参与社会，大大提升他们的自尊和自信。

第二节　重度障碍儿童的困难及需要

一般而言，重度障碍者是一群异质性相当高的群体，通常会伴随着相当程度的智能障碍和一种或两种以上的知觉动作方面的损伤，因此很难概括他们在生活、学习和工作中共同的困难和需要。

一、生理和医药方面的需要（健康护理的需要）

很多重度障碍者的健康情况不佳，而其彼此之间也有很大的差异存在。通常他们可能有知觉损伤、骨骼缺陷、心脏、呼吸、病痛发作、饮食、消化及其他症候群等健康上问题。因此家长和老师应与医生保持适当的联系，并注意按医生指示，按时接受康复训练并服用药物。

二、行动上的困难与需要

重度障碍者有时会因为肢体畸形而缺乏移动能力或缺乏理解与记忆的能力（如无法记住要去哪里，乘坐哪一路公交车，在哪一站下车等），所以无法正常行动及顺利使用交通工具。因此行动辅具的使用与辅助科技的开发是一项非常重要的工作。因此家长和老师应该与辅具开发师、物理或作业治疗师合作以改善并提升行动能力。此外，无障碍的空间环境也是保障重度障碍个体顺利出行的重要因素。

三、适当安置的困难与需要

很多重度障碍儿童无法在一般正常环境里学习，所以应选择符合其能力及家庭状况的安置措施与机构来施行个别化教育方案和康复，促进其社会化的发展。一般而言，多元化与常态化的安置有助于重度障碍者回归学校及社会。家长与老师应该参与重度障碍学生的个别化教育计划会议，通过专业团队来获得最佳的安置与学习效果。障碍程度特别严重的儿童可能需要接受送教上门的方式来进行学习。

四、沟通技能方面的需要

许多重度、多重障碍儿童无法表达自己的需要与了解他人，有时甚至不能对简单的信息做出反应，所以不常与他人互动，也无法自己做出选择。但目前可以通过"多重感官法""松弛法""呼吸及说话的调节""口语技巧与口腔动作训练""音乐治疗""游戏治疗"与"扩大性、替代性沟通系统"（augmentative and alternative communication，AAC），以及语言"情境教学"（milieu teaching）等方法来协助重度障碍儿童进行沟通训练与替代性沟通。

五、家庭生活适应方面的困难与需要

重度障碍者对于家庭有相当大的影响，比如如何与家人相处、如何生活自理、自我决定等；相对地，重度障碍者的身心状况也会影响家人的对待与照顾方式，比如，当父母采用过度保护教养方式时，重度障碍者在无形中就易被剥夺许多独立的机会，而没有机会练习如何面对日常生活上的困难。同样地，当父母采用过度冷漠的教养方式时，则重度障碍者容易遭受失败挫折、缺乏自尊与自决、容易产生被遗弃与孤独冷漠的态度，并发展出极端的退缩、或攻击性防卫的反应。因此家长与老师需要密切合作来不断提升重度障碍儿童的家庭生活适应能力。

六、情绪方面的困难与需要

重度障碍者本身的障碍所带来的不便和不安，再加上缺乏环境

安全感和隶属感，使情绪困扰成为自身障碍以外的另一种障碍。因此家长也可与学校辅导老师或医院的心理治疗师一起学习成长，多了解与接纳重度障碍者，多交流彼此的观念，以及提供良好的示范来协助重度障碍儿童。

七、社会行为方面的困难与需要

许多重度、多重障碍者常有的特征就是表现出刻板行为、自伤行为、攻击行为、发出怪声、太热情或太退缩等不被一般人所接受的行为。家长与老师可运用"行为改变技术"（behavior modification techniques）、"角色扮演"（role playing）、"感觉统合训练"（sensory integration）、情境仿真等方法来引导重度障碍儿童发展出适当的行为，更好地融入社会。

八、性教育方面的困难与需要

重度障碍儿童可能存在多方面的障碍，特别是当其智力存在严重不足的时候，使照顾者不知如何教导儿童与性有关的知识，因此学生的性知识相当缺乏。此外，多数重度障碍儿童对"隐私"的观念薄弱，因此，其性教育的需求是相当迫切的。条件允许时可以加强患儿性教育，如培养儿童清洁卫生习惯、教导与性教育有关的知识、教导儿童如何保护自己等。

思考题

1. 重度障碍儿童有哪些特征？
2. 重度障碍儿童有哪些需要？
3. 如何满足重度障碍儿童的需要？

第四章　重度障碍儿童的鉴定评估

第一节　鉴定单位及鉴定原则

评估在为每个障碍学生制订、实施和评价教育计划的过程中，用于确定哪些人符合接受教育支持和服务的资格、确定教学内容、教学方法、评估教学干预的有效性。必须确保评估过程的恰当性、评估结果是有意义和有用的。

一、鉴定单位

2017年，我国新修订的《残疾人教育条例》第20条规定，残疾人教育专家委员会可以接受教育行政部门的委托，对适龄残疾儿童、少年的身体状况、接受教育的能力和适应学校学习生活的能力进行评估，提出入学、转学建议。

在中国台湾地区，障碍学生的鉴定与教育安置是由各直辖市、县（市）政府的特殊教育学生鉴定及就学辅导委员会来负责。由于重度障碍学生之间的异质性与教育需求差异颇大，因此其鉴定除由医学检查外，尚需加上各种不同的教育、复健等有关评估以获得开发障碍学生最大潜能的最佳安置与教育方式。

香港由卫生署辖下的母婴健康院通过幼儿健康及发展综合计划，为初生婴儿至5岁儿童提供儿童健康及发展监察服务，并为家长和儿童照顾者预早提供适切的指导。另外，健康院亦会为没有在医院接受听力普查测验的新生婴儿提供该项服务及为4岁的儿童提供由视光师/视觉矫正师进行的学前视力普查测验。专业的医护人员会系统地监察儿童的健康及发展状况。若发现儿童发展或健康问题，儿童会被转介至卫生署或医院管理局辖下的儿童体能智力测验中心、教育局的特殊教育服务中心或专科医生做详细评估、治疗及跟进。

美国对特殊儿童的评估在相关立法中并没有指定特定的专业团体进行评估，家长要为自己的子女申请获得特殊教育服务，需要向当地学区提出申请。在接到申请后，学区将派人与家长会面，了解孩子的具体情况。在申请程序结束后，学区将委派一个包括一名普通教师、一名特殊教育教师和残疾问题专家的专家组对孩子的残疾状况进行全面测评。任何参与评估的人，除了拥有资格认证或执照外，还必须接受过专业培训、具备专业知识。

特殊教育鉴定评估包括三类团队，转介前干预小组、多学科评估小组和IEP小组。转介前干预小组：由不同年级或学科领域的若干普通教育工作者组成，其他成员包括行政人员、专家、家长。主要作用是与普通教师合作解决教学问题。多学科评估小组：包括学生家长、普教教师、特教教师、学校行政代表、能够解释评估结果的专业人员、有资格对学生进行单独诊断的人员等。IEP小组：由学生家长、普教教师、特教教师、地方教育机构代表、解释评估数据的专家、相关服务人员和学生本人（视学生能力而定）等（湛小猛等，2021）。

二、鉴定原则

（一）多元评估

由于重度障碍群体内部的异质性和复杂性，评估方面要特别强调多元的原则。一是评估内容多元化，对于学生的各方面情况和能力进行评估，包括生理状况、心理情况、教育情况、社会适应情况等方面。对于重度障碍的学生要考虑其身心各方面的情况和需求，与轻度障碍个体相比还要增加其康复治疗和日常照护方面的需求(表 4-1)。二是评估方法多元化,依据学生个别状况,采取标准化评估、直接观察、访谈、医学检查等方式搜集和评估学生的多方面情况,对获得的评估结果进行综合研究、分析和判断,得出全面而准确的评估结果。

表 4-1 重度障碍学生多元评估内容

评估领域	评估内容
生理方面的医学检查	①一般身体检查 包括所需治疗问题检查、药物治疗史检查、详细健康检查、门诊追踪检查、建议与附加检查等。 检查的内容包括眼耳鼻喉、呼吸、心血管系统、肝胆消化、生殖泌尿、皮肤骨骼、神经系统等(视需要而定) ②特殊生理检查 包括完整物理医学检查、生理发展史检查、神经与肌肉之内外科治疗史检查、反射功能与状况检查、儿童辅助器材检查、建议与附加检查等。 检查的内容包括视觉状况、听觉状况、肢体状况、神经与精神等(视需要而定)。
心理及教育评估	智力、成就、性向等测验、知觉-动作技能等测验、沟通技能测验(口语/非口语的接受、表达及清晰理解程度等)、社会情感发展测验(社交、情感表达、自我能力、表达力)、适应行为测验(经济活动、语言发展、在家活动、职业活动、自我引导等)、职业辅导(生涯职业潜能、职业兴趣)等
康复需求评估	①物理治疗评量 包括神经发展功能评估、肌肉张力评估、关节活动度评估、动作能力评估、轮椅操作评估等。 ②职能治疗评量 包括颈部控制能力评估、上肢运作能力评估、知觉动作能力评估、生活自理能力评估、辅助科技运用评估等。 ③语言治疗评量 包括语言前发展(口腔功能、进食能力等)、语言发展(呼吸型态、声音、发音等)、非口语沟通(接受、表达、清晰程度等)、沟通辅具运用评估等
护理评量	家庭健康问题评估、药物治疗评估、住院治疗评估、防疫记录评估、卫生护理需求评估、基层看护机构评估等

(二)专业团队合作

特殊儿童评估的专业团队对特殊儿童的诊断与教学工作,应以专业团队合作进行为原则,应集合卫生医疗、教育、社会福利、就业服务等部门共同提供学生的学习、生活、就业转衔等方面的协助。特殊教育相关专业人员,指为身心障碍学生及其教师与家长提供专业服务之下列专(兼)任人员:医生;物理治疗师、职能治疗师及语言治疗等治疗人员;社会工作者;临床心理、职业辅导、定向行走辅导人员;其他相关专业人员。

(三)重视家长参与

重度障碍学生的鉴定、安置及辅导应通过专业团队的方式来加以进行,并且要征得家长的同意,以及需要邀请学生家长参与整个过程。家长参与既是障碍学生家长的权利,同时家长参与也是评估中所必须的,因为他们是提供儿童基本信息和相关资料的重要来源。中国台湾地区的有关法规中明确规定,各级学校应对每名身心障碍学生拟订个别化教育计划,并邀请身心障碍学生家长参与其拟订及教育安置。美国在相关的评估小组中也明确规定了小组成员中包含家长,非常重视家长及家庭成员的参与和意见。

(四)个别教育计划本位原则

重度障碍学生的鉴定工作,是在试图鉴别并了解学生是否具有重度障碍,以及进一步了解学生身心各方面的发展水平,以作为拟订个别化教育计划的参考依据。美国 1975 年颁布的所有残疾儿童教育法(94-142 公法)明确规定,必须为每一个残疾儿童制订一项个别化的教育计划,这也是法案中 7 个重要的原则之一。残疾儿童所受到的教育必须符合该儿童的特殊教育需求。通过恰当的教育计划,所有儿童都能从教育中受益,所有儿童都是可以教育的。

关于评估的要求,美国《障碍者教育法案》中关于障碍学生的评估也有明确规定:必须使用各种不同的工具;不能只使用单一的测量或一种工具，来确定某人是否具备接受服务或教育计划的资格；评估在技术层面上，必须是合理的、有效的和可信的；评估必须涉及认知、行为、身体和发展等多个方面；无论被评估者有何种文化、属于哪一种族、使用什么语言或沟通方法，评估都必须是不带有歧视性的；评估必须由接受过训练的评估者实施。这些规定从评估工具到评估技术、评估范围都体现了多元原则，同时还体现了非歧视原则和专业性原则。此外，2001年美国颁布的《不让一个孩子掉队法》中规定：所有的学生，包括重度障碍学生，在三至八年级，每年都要接受一次阅读和数学学科的评估；在高中阶段，要接受一次阅读和数学学科的评估；三至五年级、六至九年级、十至十二年级分别要接受一次自然科学学科的评估。该法强调无论孩子有何种文化、使用何种语言、是否具有障碍，都应该为学生设计有效的、可信的评估，并且需要为重度障碍学生群体设计合适的替代性评估。

我国目前在障碍儿童评估方面的理论和实践还相对落后，在有关法律法规中还缺乏比较明确具体的规定，此外，对障碍学生的评估以医学和康复方面评估为主，教育评估理念不足，很多教师在评估的理念和评估方法方面了解不足，更缺少实践操作。

第二节 诊断评估的含义、类型、方法及实施程序

一、与评估有关的概念

谈到障碍儿童的评估，需要明确几个相关概念，包括诊断、评估、教育评估、特殊教育评估、测量、测验等。

（一）诊断

诊断是指分析、判断影响特殊儿童学习成就的任何生理问题、

心理过程或行为表现及其原因，以便为制订针对性的教学计划、教学策略及辅导支持提供依据。诊断并非为了给儿童"贴标签"，而是为了明确儿童存在的问题，了解儿童当前的发展水平和能力，在此基础上为儿童的教育和康复训练提供依据。对于重度障碍儿童来说，其障碍程度严重，通常在早期就表现出明显的与普通儿童发展上的差异，因此相对来说早期发现是比较容易的。

（二）评估

评估是根据一项标准对所测量到的数值予以价值判断。比如说，我们测量儿童的身高，然后根据儿童身高发展的标准，就可以找到同一年龄段同一性别的儿童的身高发展标准，就可以判断出该名儿童的身高发展处于什么水平。所以说，评估需要具备的要素是数值和标准，有了数值和标准才能进行判断。

（三）教育评估

教育评估是使用测验和其他测量手段测量学生的成就和行为，以便做出教育性决定的过程。教育上的评估主要是根据测量学生的学习成就所获得的数值（分数）再根据相应的标准来判定学习的效果，可以做出不同教育性的决定，包括提高教学内容的难度、扩大教学内容的范围或进行补救教学。教育性的决定可能还包括分班、分层、择校等方面。

（四）特殊教育评估

特殊教育评估是指需要考察特殊儿童的独特需求，每个儿童都有所不同。调整过程、方法和工具以符合个别儿童的特殊需求，而不是让儿童符合特别的评估程序。特殊儿童由于与普通儿童在身心发展上存在较大的差异，很多适合普通儿童的评估工具不一定能够适用于特殊儿童，特别是可能不适用于重度障碍儿童，因此评估过程、方法和工具都需要进行调整来符合儿童的需求。

（五）测量和测验

在评估过程中经常出现测量和测验这两个概念。测量是按照某种规律，用数据来描述观察到的现象，即对事物做出量化描述。测量是对非量化实物的量化过程。在评估过程中，测量是一个动词，强调评估过程中对儿童行为表现进行量化的描述。

测验是用以测量个体的行为或作业的工具。它通常由许多经过适当安排的项目（问题、任务等）构成，被试对这些项目的反应可以记分，分数被用于评估个体的情况。在评估过程中，测验是一个名词，主要是指用于测量的工具，如智力测验、适应能力测验等。

二、教育诊断评估的类型

教育诊断评估可以分为三个类型，筛查性评估、诊断性评估和终结性评估。

（一）筛查性评估

筛查是一个全科医学与社区卫生名词，是指应用快速、简便的检验、检查手段，从表面健康者中查出可能患病者，以便进一步诊治的过程。筛查性评估就是应用快速、简便的筛查工具，从普通儿童中识别出可能的障碍儿童，以便进一步确认儿童的障碍类型和障碍程度的过程。筛查性评估的特点是方便、快速，但是由于筛查性评估使用的工具一般不是标准化的评估工具，相对来说信度、效度较低，因此评估结果的准确性可能不高。重度障碍儿童由于障碍程度比较严重，障碍的外在表现明显，因此容易早期发现，也就会比较早地接受评估。

（二）诊断性评估

诊断性评估通常使用信度、效度较高的标准化评估工具，比较全面系统地评估障碍儿童生理、心理各方面发展情况的过程。诊断性评估花费的时间也会比较多，评估结果的准确性更高。通过诊断性评估不仅可以确定儿童是否存在障碍，还需要确定障碍类别和程度以及儿童当前各方面水平和相关的需求，为后续制订个别化教育计划和康复方案提供针对性的依据。诊断性评估对于重度障碍儿童

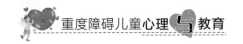

来说是特别重要的。

（三）终结性评估

终结性评估主要是阶段性的评估，是经过了一段时间的教育或康复训练，检验前一阶段的教育或康复训练的效果。终结性评估的内容要对应前一阶段的评估结果所形成的教育目标或康复训练目标，从而确定目标是否达成，以形成下一阶段的新的目标。

三、教育诊断评估的方法

教育诊断评估的主要方法有观察法、访谈法、量表评定法、测验法。

（一）观察法

观察法是指研究者根据一定的研究目的、研究提纲或观察表，用自己的感官和辅助工具去直接观察被研究对象，从而获得资料的一种方法。也可以是在自然情景中对人的行为进行有目的的、有计划的系统观察和记录，然后对所做记录进行分析，发现心理活动和发展的规律的方法。对特殊儿童的评估主要是观察儿童的行为表现和各项特征，结合评估标准（或障碍典型特征）确认儿童的外显症状是否符合某些障碍的特征，从而确认儿童的身心发展情况。观察一般利用眼睛、耳朵等感觉器官去感知观察对象。由于人的感觉器官具有一定的局限性，观察者往往要借助各种现代化的仪器和手段，如照相机、录音机、显微录像机等来辅助观察。观察中要密切注意儿童各方面表现的各种细节，详细做好观察记录，要确定观察范围，不遗漏偶然事件。

（二）访谈法

访谈法，又称晤谈法，是指通过访员和受访人面对面地交谈来了解受访人的心理和行为的心理学基本研究方法。因研究问题的性质、目的或对象的不同，访谈法具有不同的形式。访谈法运用面广，能够简单而叙述地收集多方面的工作分析资料,因而深受人们的青睐。

根据访谈的正式程度,访谈分为正式和非正式的访谈;根据受访者的人数,可分为个别访谈和团体访谈;根据访谈进程的标准化程度,可分为结构型访谈和非结构型访谈。结构型访谈的特点是按定向的标准程序进行,通常是采用问卷或调查表;非结构型访谈指没有定向标准化程序的自由交谈。根据访员掌握主导性的程度,还可分为指导性访谈和非指导性访谈。

访谈的一般步骤是:①设计访谈提纲;②恰当进行提问;③准确捕捉信息,及时收集有关资料;④适当地做出回应;⑤及时做好访谈记录,一般还要录音或录像(在征得受访者同意的情况下)。在特殊儿童的评估中,评估者经常会和障碍儿童的家长和老师进行交流,了解障碍儿童的身心发展各方面情况,也可以结合某些评估量表进行访谈,或结合需了解的信息所列举的访谈提纲进行访谈。访谈后将所得相关资料进行整理和分析,有条理地梳理成不同领域的资料,为制订儿童的个别化教育计划打下基础。

(三)量表评定法

量表评定法是根据设计的等级评估量表来对被评价者进行评价的方法。这是一种比较科学的量化评估方法。在评估中,评估人员主要按照预先设计好的量表来对被评估人进行全面评价。评估量表多是以实用为目的,强调实用性,理论背景不一定严格,多是在一些问卷的基础上进行结构化、数量化而发展起来。另一个突出特点就是简便易操作,评价也多采用原始分直接评定。此外,评定量表也不像心理测验那样控制严格,有些可公开发表,许多评定量表非专业工作者稍加训练就可掌握。

实际运用中的量表形式多种多样,但其基本结构主要由两大部分构成,一部分是用以规定评估内容的指标体系,另一部分是用以表示各种指标相对重要程度的权数体系。评估时可以使用现成的量表,也可以根据需要自己设计量表。具体步骤是:①设计等级评价表，列出有关能力（行为表现）因素；②把每一能力因素分成若干等级并给出分数；③说明每一级分数的具体含义。评估者根据标准对被评估者进行打分或评级，最后加总得出总的评价结果。

自编的评估量表通常编制过程是非标准化的，缺少信度、效度的检验和常模，主要结合实际需求进行设计和评价。评估量表分为多种形式：数字等级评定量表、图示等级评定量表、图示描述评定量表、拣选式评定量表、脸谱图形评定量表。不管是编写哪一种形式的评定量表，都需要注意在编写时明确表述清楚每一个等级或选项的具体行为表现，以便使用者能够识别并根据每一个等级的差异来清楚判断被评估者所处的等级水平。例如，在抑郁自评量表中，其中一个问题是"我觉得闷闷不乐，情绪低沉"。评价的等级是：1.很少有；2.有时有；3.大部分时间有；4.绝大部分时间有。这里面评价的等级是以出现行为症状的时间长短的差异来区分的。如果只有数字，没有数字所代表的具体的含义，则无法进行评价。

（四）测验法

测验法即心理测验法，就是采用标准化的心理测验量表或精密的测验仪器，来测量被试有关的心理品质（智力、性格、态度、兴趣以及其他个性特征）的研究方法。在教育当中，也指通过心理和教育测验，对所测的心理现象或心理品质定量分析，推测人的心理特点。

测验法当中使用的测验可以从很多角度来进行分类（表4-2）：

表4-2 测验分类

分类依据	分类结果	测验含义
目的	诊断性测验	用于评估个体或群体的心理健康状况或某些特质
	形成性测验	教学和学习过程中，用于了解学生掌握教学内容情况及教学中存在的问题的测验。一般在学完一个单元或一个章节时进行。帮助了解当前的水平，以便改进
	终结性测验	通常在某个学习阶段结束时进行，以评估该阶段的成果

续表

分类依据	分类结果	测验含义
功能	智力测验	有关人的普通心智功能的各种测验的总称，又称普通能力测验。编制这类测验的目的是为了综合评定人的智力水平
	特殊能力倾向测验	特殊能力倾向是在某一特殊领域活动中表现出来的能力倾向，这种潜伏的能力倾向是遗传与环境交互作用的结果，归根到底是社会实践活动的产物，在不同的人身上有不同的表现。特殊能力倾向测验是专为测验个体某一特殊能力倾向而设计的测验
	人格测验	测量个体行为独特性和倾向性等特征。最常用的方法有问卷和投射技术。问卷法由许多涉及个人心理特征的问题组成，进一步分出多个维度或分量表，反映不同人格特征
材料性质	文字测验	文字测验的题目以文字材料组成并呈现，要求被试用文字或语言的方式作答。文字测验的实施比较简便，而且较易于测量人类高层次的心理功能。但是，这类测验容易受社会文化背景的影响，在跨文化比较研究中应用比较困难。同时，不同的文化程度会影响测验结果，对于那些在语言文字方面有困难的人和幼儿完全不适用
	操作测验	需要个体通过实际操作来回答问题。操作测验项目多属于对图片、实物、工具、模型的辨认和操作，无须使用文字作答，因此不受文化因素的限制
	非文字测验	题目不以文字表述，被试不以语言或文字方式作答的测验称为非文字测验。非文字测验的说明由主试者口头叙述，测验题目多属于图画、工具、模型等，对仪器、实物等辨认或操作的操作性测验，也属于非文字测验
测验方式	个别测验	以个别方式进行的心理测验，即一个主试者对一个被试进行测验
	团体测验	可以在同一时间点上使用大规模的样本同时进行测试的纸笔测验，即在同一时间内由一位主试对多人施测

续表

分类依据	分类结果	测验含义
测验要求	最高作为测验	要求被试尽可能做出最好的回答，主要与认知过程有关，有正确的答案。智力测验、成就测验均属最高作为测验
	典型行为测验	要求被试按通常的习惯方式做出反应，没有正确答案。各种人格、态度测验均属于典型行为测验
测验严谨程度	客观测验	测验中所呈现的刺激词句、图形等意义明确，只需被试直接理解，无须发挥想象力来猜测和遐想
	投射测验	测验中的刺激没有明确的意义，问题模糊，对被试的反应也没有明确规定，被试做出反应时，一定要凭借自己的想象力加以填充，使之有意义。在这个过程中，恰好投射出被试的思想、情感和经验。典型的投射测验有罗夏墨迹测验、主题统觉测验、自由联想测验和句子完成测验
标准化程度	标准化测验	是具有规范的标准，各个环节按照系统的科学程序组织对误差做了严格控制的测验，是一个系统化、科学化、规范化的施测过程。标准化测验提供明确的施测方法、评分标准和常模
	非标准化测验	没有统一标准，不严格遵循程序编制的测验。缺乏常模，测验内容和形式不固定，未经效度、信度检验，但仍可作为测验评定工具。很多教师自编测验属于非标准化测验

四、教育诊断评估实施程序

特殊儿童的评估过程可以分为以下三个阶段：

(一) 准备阶段

正式评估前，需要做好以下准备：

1. 软件和硬件的准备

软件方面需要组建评估小组（团队），分配评估任务。组建评估团队很重要，不能把评估任务压到一个教师身上，进行评估必须有人员的准备，这是一项先决条件。硬件方面需要购买或收集评估工具。巧妇难为无米之炊，评估过程中需要专业的评估工具，需要广泛地收集或购买。

2. 收集被评估儿童的基本资料

设计专门的特殊儿童基本信息记录表，将儿童姓名、性别、出生日期、已知的障碍情况（类别、程度）、家庭情况（主要照顾者、家庭成员情况、家庭经济情况、家长教养方式）等方面的信息收集完整，以供分析。其中，儿童的年龄和已知障碍要特别关注，因为大部分标准化的评估工具都有适用的年龄范围，要选择符合儿童年龄的评估工具。同时，儿童的已知障碍，尤其是感官（视觉、听觉）和肢体方面的障碍也要特别注意，因为这些方面的障碍可能使得儿童无法完成测验中的某些项目，需要调整测验项目、测试方法或沟通方式才能完成测试。

3. 分析评估需求

明确本次评估的主要目的。评估目的是通过评估想要获得的结果。评估目的是多样的，可能是为了筛查疑似特殊儿童，也可能是鉴别特殊儿童，也可能是通过评估了解特殊儿童的能力水平从而形成该儿童的个别化教育计划，或者是某位教师想要了解某个学生某一学习内容掌握的情况。不同的评估目的决定着后续使用的评估方法和评估工具的差异。明确了评估目的，才能根据目的选择适当的评估方法和评估工具。评估前需要明确本次评估是具体针对某一领域的，还是全面、系统、多方位的评估。筛查性的评估工具和诊断性的评估工具在信度、效度方面，结论的准确性方面，评估花费的时间精力方面都存在较大的差异，要针对性地选择合适的工具。教育方案设计之前的评估更强调具体学业能力和学科能力的评估，所使用的方法和工具也和筛查、鉴别所用的评估工具有所不同；是某一领域的评估还是全面、多方位的评估则影响着选择工具的范围。

4. 选择评估模块

选择评估模块是评估系统中的重要环节。评估方法多种多样，按照评估的不同取向可将评估模块分为三大类：①心理计量取向的评估模块；②生态和行为取向的评估模块；③质性发展取向的评估模块。

三类评估模块适用于不同的评估目的。评估者在明确评估目的后可进行评估模块的选择。当评估目的是筛查和鉴别障碍时，评估更多的是强调个体与同龄群体相比是否存在显著差异的问题，因而会选择心理计量取向的评估模块，进行相应项目的评估；当评估目的关注的是儿童日常在学校或家庭中的行为时，可选择生态和行为取向的评估；当评估关注的是具体的认知能力（学习能力）的水平和特点时，则选择质性发展取向的评估较为合适。当然，在评估时间和人员方面都很宽裕的时候，三种评估模块也可以同时使用，以便多角度全方位了解儿童发展水平。如果评估的针对性较强，则可以缩小评估范围，聚焦具体的问题来评估和分析。

因此，在明确了评估目的和需求、选择好评估模块后，可结合被评估儿童的年龄和目前已知的障碍情况选择合适的评估工具（优选信度、效度较高的评估工具），确认每项评估的评估者，分配具体的评估任务，每一位评估者做好相应的评估准备。在正式评估前，由评估团队的负责人进行统筹安排，制订好具体的评估计划表和日程，通知所有参与人员（包括老师和家长）具体的时间、地点。

（二）测评阶段

测评阶段是使用观察、访谈、测验、量表评定等方法，了解被评估儿童的各方面情况的具体过程。其中，访谈家长获得相关资料也是这一阶段的重要任务。测评阶段中，评估团队可以按照准备阶段制订的具体评估方案或计划进行各项测评工作。分项测评后各位评估人员要对评估结果进行整理和归纳。

（三）综合评定阶段

分项测评完成后召开评估团队的会议（有时也可能是障碍儿童的个别化教育计划会议），对单项评估结果进行说明，使评估团队成员互通有无、全方位地了解被评估儿童的情况；同时也可针对评估结果进行互相质疑和分析，在求同存异、去伪存真的过程中取得更精确的结果。

评估结果要以完整的评估报告形式呈现，评估报告中要包含以下内容：被评估儿童的基本情况（对收集到的儿童基本资料进行有条理地整理）、本次评估需求的分析、本次评估计划、评估结果分项说明、评估的综合结论、针对性的建议。其中评估结果的语言表述要考虑家长的心理接受和文字理解能力，尽量用家长能够理解的文字来说明儿童的水平和情况，向家长说明儿童障碍诊断结果或能力表现时既要符合儿童的实际情况，又要不给家长造成巨大的精神冲击和心理打击，语言表述要客观而人性化。同时，针对性的建议非常重要，其中要涉及教师和家长在学校及家庭中可以采用怎样的措施帮助儿童，这是评估报告中家长比较关心的内容。

总的来说，评估是一个过程，而不是结果。评估的目的不是为了获得分数，而是为了发现被评估儿童的强项和需求。评估需要跨学科多领域的团队参与，必须为被评估儿童设计个别化的评估方案。使用多种工具，从不同的渠道获得数据，作为教育和康复的依据。评估应该能体现理念和观点的改变，由缺陷模式转为支持模式，通过评估了解到特殊儿童的需求，从而提高相应的支持，而不是给特殊儿童贴上某种障碍的标签。

第三节 重度障碍儿童评估过程

重度障碍儿童的鉴定与评估应由专业团队来共同完成，而专业团队是由特殊教育教师、普通教育教师、特殊教育相关专业人员（如物理治疗师、职能治疗师、语言治疗师、辅助科技人员等）及教育行政管理人员（教务、训导、辅导等人员），以及相关的医生护士等共同参与组成。具体的评估步骤如下：

一、医学方面的诊断评估

医学方面的诊断包括生产前、生产过程及新生儿阶段、幼儿及学龄阶段三个阶段。

(一) 生产前的医学诊断

儿童出生前对有遗传病家族史或分娩史者的诊断可利用羊膜穿刺、绒毛检验、母体血液检验、超声波检查、脐带血穿刺等技术来探查胎儿的状况以降低先天缺陷儿及遗传病儿的出生率。

1. 羊膜穿刺

羊膜穿刺是指通过抽取羊水得到胎儿的皮肤、胃肠道、泌尿道等的游离细胞，利用这些游离细胞进一步分析胎儿的染色体是否异常。羊膜穿刺可做染色体核型分析、染色体遗传病诊断和性别判定，也可用羊水中的胎儿细胞DNA做基因病诊断、代谢病诊断。最重要且常见的就是唐氏综合征。有些单基因疾病，如乙型海洋性贫血、血友病等，也可以通过检验羊水细胞内的基因（DNA组成）得到诊断。有一些胎儿体表上的重大缺陷，如脊柱裂、脑膜膨出、脐膨出、腹壁裂开等，也可以通过检查羊水内的甲胎蛋白，得到比较准确的参考值。羊水还可以提供一些生化物质，了解胎儿肺部的成熟度。羊膜穿刺用于产前诊断至今已有30年的历史，诊断的准确性及安全性都得到了医学界的公认。羊膜穿刺的难度因人而异，主要与胎盘的位置、胎儿体位、穿刺部位的羊水量、胎儿活动等有关。

2. 绒毛检验

绒毛检验也称绒毛穿刺或绒毛细胞检查。20世纪70年代有人发现绒毛膜细胞脱落后，可存在于孕妇的宫颈黏液中，这个发现为胎儿细胞分析提供了一条捷径。孕妇怀孕40～70天时，胚泡周围布满绒毛，是进行检查的最佳时间，比羊膜穿刺的最佳时间（孕16～20周）要早得多，其早期筛查的意义就更大。它主要用于判断胎儿是否患有染色体疾病或基因缺陷,比如重型地中海贫血、唐氏综合征、18三体综合征等。随着现代医学技术的发展,如超声成像技术的应用,绒毛取材的手段不再局限于宫颈黏液,也可以在超声引导下行穿刺术,经阴道或腹部取出胎盘内的绒毛组织进行细胞培养、分子遗传学或生化遗传学检查、染色体诊断或基因诊断。但是这种方法有流产的风险,还有可能导致胎儿的肢体残缺及发育不良,如先天性肾积水、先天性心脏病、先天性肠道畸形等,而且发生率较高。

3. 母体血液检验

母体血液检验主要是通过化验孕妇的血液,检测母体血清中甲胎蛋白、人绒毛膜促性腺激素和游离雌三醇的浓度,并结合孕妇的年龄、体重、孕周等方面来判断胎儿患唐氏综合征、神经管缺陷的危险系数。一般情况下,唐氏综合征产前筛选检查需要在孕早期、孕中期进行,通常是在怀孕后的15~20周进行检查。

4. 超声波检查

超声波检查可清楚地看到胎儿较大器官的形态,胎儿在宫内的活动状况,羊水量的多少,胎盘的形态及位置,胎盘后有无出血等情况。其中常用的一种检查是NT检查,又称颈后透明带扫描,是通过B超测量胎儿颈项部皮下无回声透明层最厚的部位,用于评估胎儿是否有可能患有唐氏综合征。NT检查可以排除早期就出现的大的结构畸形,可以称得上是一次畸形小排查。颈项透明层越厚,胎儿异常的概率越大。一般来说,NT测值大于3mm为异常,这个数值越高,胎儿出现异常的风险越高。如果NT测值大于3mm,可咨询医生意见,决定是否进一步做无创产前基因检测或羊膜穿刺等诊断检查。如果NT测值已经达到了6mm,那胎儿异常的风险很高,可能存在唐氏综合征、其他染色体遗传综合征和心脏问题,需要进一步做羊膜穿刺或绒毛活检明确情况。还有一种孕期的超声波检查是三维超声,其作用是检查胎儿及胎儿先天畸形,由于胎儿在羊水中飘浮,超声影像表面对比强烈,几乎所有胎儿都可以做出三维表面图像,可以准确观察胎儿面部、四肢、胸腹、脊柱。对于诊断胎儿畸形有很大的作用,如唇裂、联体双胎畸形、海豹儿、脊柱裂、脑积水、脑膨出等。孕9周时可以做出非常逼真形象的三维胎儿影像。中、晚期妊娠三维超声可显示胎儿面部表情形态图像。此外,还有四维彩色超声检查,与三维超声成像系统相比,四维彩色超声可以使得医生及时地观察胎儿在子宫内的动态运动,判断胎儿的发育情况。四维超声波检查可以显示出检查部位的整个容积,从而可以分析整个组织结构,从各个方向观察人体器官的活动。

5. 脐带血穿刺

脐带血穿刺是产前的重要检查之一,穿刺术对于确诊腹中胎儿的发育及健康状况具有不可替代的作用。脐带血穿刺及羊膜穿刺染色体检查都可以检查胎儿脊柱有无畸形。脐带血穿刺要根据胎盘的位置决定穿刺的部位,可以穿刺游离在羊水中的部分,也可以穿刺在胎儿侧的脐带根部或在胎盘侧的脐带根部。多数选择穿刺脐静脉。方法和羊膜穿刺基本相同,只是穿刺部位不同而已。

(二)生产过程及新生儿阶段

大部分重度障碍婴儿在出生时就能被发现,而一般都通过医生对新生儿的例行筛查发现。医生需检查新生儿是否有明显的残疾、遗传和代谢异常,以及潜在的发育问题。新生儿则可以由医护人员通过视觉观察和阿普加(Apgar)新生儿评分加以检查。

"阿普加"这个名字的英文字母(Apgar)刚好对应检查项目的英文首字母,包括外貌(肤色)(Appearance)、脉搏(Pulse)、皱眉动作即对刺激的反应(Grimace)、肌张力(Activity)、呼吸(Respiration)。该检查是医生为产妇接生时,对婴儿出生后1分钟、5分钟、10分钟后的以下状况予以评估:①新生儿的心率;②呼吸情况;③肌张力;④呕吐反射(鼻孔对橡皮管刺激之反应);⑤皮肤的颜色等,最高得分2分,最低得分0分,总分为10分。若一个新生儿得10分,表示良好,若得分在7分以下,则表示须加以急救以及进一步的观察与检验。医生认为新生儿指标总分小于 4 分时,残疾的可能性相当大。1 分钟 Apgar 评分结果:各项总分 8~10 分为无窒息,4~7 分为轻度窒息,0~3 分属重度窒息。一般 8 分或 8 分以上都表示很正常。

新生儿低评分主要是根据出生时的窒息程度,引起窒息的原因很多。常见的原因有:母亲患有疾病,如妊娠期高血压综合征、严重贫血、心脏病、急性传染病、肺结核等,此时,母体的血液含氧量减少,可影响到胎儿;妊娠多胎、羊水过多可使子宫过度膨胀,或胎盘早期剥离、前置胎盘、胎盘功能不足等,影响胎盘间血液循环;脐带绕颈、打结或脐带脱垂时脐带血流中断;分娩过程延长,母体消耗的能量过多以及各种手术帮助分娩、使用麻醉镇痛药物等,都可能引起胎儿或新生儿窒息;肺内羊水吸入、颅内出血、严重的中枢神经或心血管畸形等,也可能导致新生儿窒息。早产儿由于肌张力低和对刺激反应较差,评分也偏低。

新生儿行为评价量表,又称布莱泽顿量表,适用于出生第一天到满月的婴儿,每次检查需 20~30 分钟,检查项目包括 27 个新生儿对环境刺激的行为反应项目、20 个反射和运动项目,包括警觉性、活动水平、自我安静能力、微笑、睡眠模式和特定的行为(如对环境中的光、声音和针刺在脚底等刺激的反应)使医务工作者们保持高度的警觉性,及时发现高危新生儿,发现着手及时性干预措施的信号,发现为这些婴儿准备后续的、更精确的健康状况的评估。27 个行为项目均按 9 级制记分,中间一级是正常,两端是偏离正常;20 个反射和运动项目按低、中、高 3 级记分。检查时只记录新生儿在检查过程中出现的最好反应。最后根据所测结果对新生儿的行为做出评价。

(三)幼儿及学龄阶段

学龄阶段的诊断与评估多由医护人员来进行资料的收集,而其收集的资料除一般医学检查外,也多与感觉、动作、社会情绪、认知等方面的发展情形有关。同时各类专科医生也常被邀请参与鉴定工作,包括儿科、神经科、心身科、耳鼻喉科、眼科等的专业医生。家长可以配合医护人员进行儿童有关资料的收集并协助了解儿童的需要。重度障碍儿童由于障碍程度严重,因此早期发现是比较容易的,但是要提高家长对儿童身心发展情况的重视程度,要及时进行早期干预,才能取得较好的干预效果。除了患有的疾病的诊治以外,进行感知觉、动作技能、语言沟通、认知、人际交往等方面的干预和训练也要提上日程,部分重度障碍儿童可能还需要进行物理治疗和作业治疗,也需要家长配合医生积极进行相关治疗和训练。

二、教育方面的诊断评估

(一)收集重度障碍学生的相关资料

相关资料包括儿童家庭的相关背景资料(家庭成员、父母文化背景和职业、家庭经济情况、家庭教育方式等)、先前医疗诊断评估的资料(包括出生前的异常情况、出生史、疾病史)、生理发展基本资料、感知觉(视听)动作发展资料、受教育史、转介前诊断性评估资料、相关行为特征与问题行为资料等。一般而言,家长与老师可以互相合作,通过访谈、观察、非正式评估、生态评估等方式等进行上述资料的收集。

(二)评估重度障碍学生目前的表现水平

障碍学生目前的表现水平资料的内容应包括下列事项:学生认知能力、沟通能力、行动能力、情绪、人际关系、感官功能、健康状况、社会适应能力、语文等学科学习能力。学校老师可以与相关专家一起通过测验、观察与访谈等方法来了解学生目前的表现水平。此外,家长可通过观察与记录来协助学校老师收集相关资料。

(三)建立教学优先级

收集过上述资料后,结合上述评估获得的结果,特别是评估结果显示出来的学生的优势、不足和各方面需求，特殊教育专业团队可以通过个别化教育计划（individualized education program，IEP）会议，与家长共同来决定学生的重要学习活动项目与课程内容。相关人员则可以进一步地思索并设计参与重要活动的替代性与辅助性的教学策略，以进一步地帮助重度障碍儿童学习。首先，老师与家长可以运用生态评估的方法通过头脑风暴与讨论得出障碍儿童所需学习的重要活动；其次，列出完成这些活动所需的重要技能；最后，按重要技能的重要性、需要性和发展的顺序性来排列优先级以及应该习得的重要行为。老师与家长可以共同思考这些技能与活动是否有助于障碍儿童独立生活、回归融合于社区、未来就业、自我决策、生涯转衔、提高生活品质等。这里需要注意的是重度障碍儿童由于障碍程度高，在学习能力方面存在不足，学习困难是必然的，因而要思考最需要的、最适当的、有别于普通儿童和轻中度障碍儿童的学习内容，选择科学的、适当的教学方法和策略进行个别化教学，从而达到个别化教育计划的有关目标。

（四）拟订个别化教育计划与课程的构建

当老师和家长围绕儿童的特点确定了所要教导与训练的活动、技能与行为后，老师与家长可以进一步共同拟订个别化教育计划。一般而言，特殊教育教师均会通过工作分析（task analysis）与设计行为目标来完成教学计划。个别化教育计划的内容应包括下列事项：

（1）学生认知能力、沟通能力、行动能力、情绪、人际关系、感官功能、健康状况、生活自理能力、语文等学科学习能力的现况，即对前期评估结果梳理和总结。

（2）学生家庭状况。包括家庭成员情况、父母职业和文化背景、家庭教养方式等。

（3）学生身心障碍状况对其在普通班上课及生活的影响。目的是了解存在的障碍并想办法提供相应的支持以解决问题。

（4）适合学生的评估方法。需要结合重度障碍学生的个人特征

和能力水平来考虑。

（5）学生因行为问题影响学习的行政支持及处理方式。了解行为问题的表现及可能支持的方式。

（6）学年教育目标及学期教育目标。结合前阶段排列的教学优先级，按照重要性、需求性、能力发展的顺序性进行挑选。按照教育目标的规范写法进行叙述。

（7）学生所需要特殊教育及相关专业服务。需考虑提供相关服务和支持的具体安排：时间、地点、人员、频次等。

（8）学生能参与普通学校（班）的时间及项目。最大可能性满足学生融合的需要，促进学生参与普通群体。

（9）学期教育目标是否达成的评估日期及标准。标准的设定与前期诊断性评估紧密结合，组织阶段性的评估。

（10）幼儿园大班、小学六年级、初中三年级及高中（职）三年级学生的转衔服务内容。结合重度障碍学生的特征和需求设计转衔计划。

此外，参与拟订个别化教育计划的人员，也应是一个团队，包括学校行政管理人员、教师、学生家长、相关专业人员等，并邀请学生参与；必要时，学生家长邀请相关人员陪同。因此，为了自己孩子教育的权利与福利，家长务必要参加个别化教育计划会议。

接下来就是根据学生的个别化教育计划的内容，由各个团队成员认领其中的任务来相应完成。比如学科教师负责学生语文、数学等学科的教学目标，治疗师负责提供物理治疗、作业治疗等相关服务，家长也可以选择家庭中可以提升的学生的某些能力作为目标，完成相应的辅导和支持。教师可以将班级中多名障碍学生的目标整合到学期的班级教学目标中，再围绕班级的目标进行所任课课程的教学内容的选择、教学方法的设计、教学评价方式的设计、制作教具。这一过程对于教师的课程设计能力有很高的要求，教师需要在同一课程中考虑课程总体需要培养学生什么样的能力，又要根据学生的情况把课程内容进行分解，确定不同学生的目标是否能经过整个学期的教学达成，还要把总体目标分解到具体的每一节课当中，通过个别化地实施教学努力达成学生某一节课的目标，识别或评价学生某一节课的目标是否达成，最终在学期或学年阶段还需评价学生的整体目标是否达成，然后根据达成情况反思和改进自己的教学或调整下一个阶段的学生目标和教学内容、方法。

（五）个别化教育计划的执行与学习成果的监控

当个别化教育计划完成之后，接下来的工作就是特殊教育老师与有关老师根据学生的特殊需要，进一步地排定课程表与实施教学课程。其步骤约有下列七项：①按个别化教育计划的目标进行训练环境分组表；②找出固定与弹性时段安排课程时间；③找出社区教学资源；④设计一份暂时的主要课程时间表；⑤设计每一个学生的个别时间表；⑥按时间表的规定进行教学；⑦监督课程的实施（Holowach，1997）。

教学计划的执行是按课程表的进度与学生学习的状况进行，而学生学习成果的监控大多使用直接观察法与评量记录的方法来完成。一般而言，最好每天进行观察评估与记录，或至少一周要进行两次以上的观察了解，以检讨教学目标的设定是否达成，或者是否需要进一步修改。

（六）定期评价教学效果

结合学生的个别化教育计划评估学生学期（学年）目标达成情况，以评估教学课程是否达到预期目标，作为修正教学课程，改进教材教法的参考依据。

总之，定期评价教学效果是为了了解教育方案或教育安置措施是否需要进一步做重大的改变与修正，以使重度障碍学生的学习潜能能在最少限制的环境中，获得最大的发展，以提升其生活品质。

第四节 常见的重度障碍儿童教育评估类型

重度障碍学生由于障碍情况严重，身心发展严重落后，因此评估的重点是个体健康情况、身心发展情况、适应环境的能力、沟通交往方式、问题行为表现等领域。对普通儿童或轻度障碍儿童而言较为重要的学业能力，并不是重度障碍学生的教育和评估的重点。但从儿童的受教育权保障的角度来看，不能因为重度障碍儿童的学习能力不足就完全放弃学业上的要求。重度障碍学生教育评估类型多样，在这里就9种目前常用于特殊教育教学情境的教育评估方法进行说明：

一、发展性评估

所谓发展性评估是以普通儿童的一般发展状况为依据，来诊断个别重度障碍学生在身心发展上的需求与发展状况。发展性评估主要是针对儿童成长过程中的各项必备技能，如感官及认知能力、语言表达及理解能力、粗大及精细动作能力、生活自理能力等进行评估。评估结果能够确定被测试的学生的各项能力发展达到哪一阶段的相应水平，教师便能根据其发展阶段所需的知识、技能与态度来拟定教学目标。其评估内容通常包括多个领域，如感知觉、动作（粗大及精细）、语言沟通、生活自理、人际交往、情绪行为、认知等。此模式对于重度障碍学生，具有常模参考性的意义，但在实用性与教学性的功能上可能不足。

发展性评估有其优点，也有不足，具体如下：

1. 优点

（1）评估结果可通过发展水平侧面图呈现，帮助教师、家长直观地了解儿童在各领域的发展情形，分析儿童能力发展的优势和劣势，找出教育或康复训练的重点。

（2）可结合评估结果，帮助教师或治疗师找到教育教学和康复训练的目标。

（3）通过评估结果找出障碍学生在发展上与一般儿童的差异状况，提供教师关于儿童的学习潜能。

2. 缺点

（1）重度障碍学生可能无法发展或习得普通儿童正常顺序发展出的技能，即儿童可能因本身的障碍而无法按发展阶段达成既定的行为目标。

（2）发展评估量表上的项目多是特定的一般行为，而这些所测的发展成长技能，不见得都是重度障碍者参与家庭、学校、社区等所必须具备的项目。

（3）重度障碍学生所需要学习与发展的技能多为横跨发展量表不同领域的技能，因此发展性评估某单一领域的分化行为目标，对重度障碍儿童来说，可能缺乏系统性与生活实用性。

常用的发展性评估工具有孤独症儿童发展评估表、中国儿童发展量表、丹佛发育筛查测验、年龄与发育进程问卷等。

二、适应行为评估

适应行为评估是指对身心障碍学生在家庭、学校及社区环境中，进行其所必须具备的各种适应行为的评估，通过逐一列出正常学生在家庭、学校、社区生活中所需的技能，并依此来评估障碍学生的能力的一种评量方式。适应行为评估的内容范围很大，包括生活自理能力、居家及社区生活技能、职业技能、功能性学科情况、社交及沟通技能、儿童的不良行为适应情况等。该评估的主要目的是协助教学者选择学生尚未建立的但又是应该掌握的各项行为技能来进行教学，同时评估结果也给家长一些在家庭中提升儿童能力的启发。

就重度障碍学生而言，此评估方法有如下缺点：

（1）其行为目标的建立较缺乏顺序性，因此其评估的结果可能只

显示障碍儿童有一些技能的学习尚待加强,但却无法显示哪些技能项目是迫切需要的,需要教师和家长进行分析后再来统合相关的教学目标进行教学。

(2)其评估的项目较为笼统,并非所有项目都是重度障碍儿童所需要的,因此其项目不能十分准确地反映真实的重度障碍儿童生活所需的技能。

适应行为评估与发展性评估相比,其评估项目较具有实用性,也比较适合学生的年龄,因此较能提供有利于教学的信息;教师可通过评估的结果,选择学生尚未建立的各项行为进行教学。但其评估项目较为笼统,需要教师统合相关的教学目标来进行教学。

三、非正式观察评估

所谓非正式观察评估是指在居家、教学或是社区的情境中,通过各种非正式的评估工具以评估学生适应行为表现或问题行为。非正式观察结构较松散,无周密计划与控制,适用于教师获取有关日常教学和活动安排等方面的信息,或帮助评估者获得了解儿童身心发展各种特点的感性经验。常见的非正式观察评量工具包括工作分析检核表、事件记录表、间隔时段记录表及行为持续性测量表等。与发展性评估、适应行为评估的做法不同,非正式观察评估强调教师或评估者必须在教学前后,针对学生可观察、可测量的目标行为进行间歇性的评估与记录。

这种评估方式比较适合在若干目标行为被选择出来作为教学目标后进行教学时使用。也就是说,一旦教学目标决定之后,此种评估方式能够有效地帮助教师对学生非连续性的行为或反应进行评估。因此比较适合运用于协助教师、评估者或学生家长进行辅助性客观资料的收集,以此修正或改进教学目标、教材内容或教育方法等。

四、功能性评估

功能性评估是一个收集行为资料、分析行为功能的过程。通过系统化的行为观察过程，主要针对与问题行为有关的可能因素，包括生态环境、人际关系、互动情形、儿童的动机等进行观察与分析的工作。评估的目的在于帮助教师或家长了解障碍学生问题行为发生前，导致该问题行为的内在与外在因素情形、行为本身的表现以及行为的后果，以作为进一步决定教学处置或辅导做法的参考依据。行为的功能性评估通常能帮助教师做有效的教学决定，因为教师在做任何决定前已能充分了解学生之所以产生此问题行为的真正原因。

功能性评估最大的优点是可以协助教师与家长发现学生问题行为产生的根本原因，改善一般行为干预的治标不治本的问题。就临床运用而言，此评估强调针对目标行为进行实地观察，以发现目标行为的发生状况与某些固定的时间或活动有无特殊的关联与因果关系，进而对症下药，改善学生的问题行为与提升学习的成效。

功能性评估可以借助行为观察记录表，使用 ABC 行为分析法，对问题行为进行观察记录和分析（表 4-3），从而找到问题行为产生的关键因素，帮助儿童减少或消除问题行为，使儿童更好地适应社会环境对个体的要求，更好地融入社会（表 4-3）。A 代表行为发生前的相关要素，包括周围的物理或社会性的变化、刺激，如温度，湿度，光线，声音，周围人的言语、动作、手势、表情或发生的重大事件等。B 指行为本身的表现情况，即儿童表现出来的具体言行举止，如躺在地上打滚、大声哭闹、用头撞墙壁等。C 指行为带来的结果，即儿童的行为带来的后果，如哭闹后家长满足了他的要求，或通过某一行为逃避了老师布置的任务。通常来看，在行为结果方面主要是两种情况，一是通过行为满足了自身的需求，二是通过行为逃避了某些任务。在观察记录过程中，需要从多次行为观察记录的一致性中找到规律，发现问题行为产生的关键因素，以此形成结论性陈述。根据结论性陈述，我们可以针对前提事件或行为后果对这一行为进行干预，以减少或消除儿童的不良行为。当然，也可以记录在哪些前提事件下儿童产生了良好的行为带来良好的行为后果，据此做法来强化儿童良好行为的持续发生。

表 4-3 ABC 行为观察表

行为人：小明　　　　　　　　观察者：刘老师				
目标行为定义：小明在课间休息时用力拉扯前面同学的头发，哈哈大笑。				
日期	地点	前提事件（A）	目前的行为表现（B）	行为后果（C）	备注
2023年3月5日	二（3）班教室	下课铃响了，老师宣布下课，没有给小明布置课间的任务。	小明看到前面同学没有离开座位，就拉扯同学的头发，同学生气地大声喊叫，小明开心地哈哈大笑。	看到同学生气的样子，感到开心。	
结论性陈述：在课间休息时，当老师没有要求小明去上厕所或做完课堂习题，小明就会用力拉扯同学的头发，看到同学生气的样子，他很开心。				

五、生态评估

生态评估是一项强调在学生所属的家庭、学校及社区等情境中对学生的各种适应行为表现进行评估的评估方式，以便进一步制订教学目标及内容，以及教学设计与辅导计划的拟订。在生态评估中，教师考查学生需要活动的环境，然后确定学生在那些环境中能顺利参与的特殊活动和所需要的技能。接着，对学生的那些特殊活动和技能进行评估。对重度和多重障碍学生而言，生态评估涉及的范围通常包括家庭、学校、社区和职业领域，是全面的、整体的、个别化的评估。生态评估对于适应行为能力不足的重度障碍儿童是非常适宜的，通过评估能及时发现学生在各项环境中的不足和需求，从而提供相应的支持和帮助，最终目的是提升儿童对各项环境的适应能力，更好地生存和发展。

生态评估是非正式的评估，其评估重点在于了解障碍者与各种环境需求之间的关系，以及互动时障碍者所需能力与生态条件的匹配程度。这种评估方式评估学生在实际环境中进行各项活动时，学生如何适应不同环境的需求而所表现出不同的行为情况，以协助老师帮助学生进行功能性与实务性的学习，并进而训练与培养学生产生自发性的反应与学习行为。与发展性评估、适应行为评估相比，生态评估的特点在于事先肯定学生无论能力优劣与否，均具备相当的适应能力；且在不久的将来会运用这些能力实际参与生活中的各项活动，而评估目的在于了解障碍学生此方面能力的运用与发展状况，以协助教师、评量者或家长进行教学并辅导学生做有效的学习。

生态评估的步骤如下：

(1)收集学生的个人资料，了解学生的自身和家庭方面的具体情况。

(2)进行生态分析。

确定评估的领域。如学生的家庭、学校、社区或职业领域。具体涉及的领域可根据学生的年龄、障碍程度和具体的需求而定。

确定和调查当前和未来的自然环境。未来环境主要指学生可能在未来面临的新环境，如学生面临升学和就业，需要提前对新环境有所准备时，可以对新的环境进行分析，然后评估学生在新环境中对新的任务的表现情况。

把相关环境分为若干子环境。如家庭中可分为客厅、厨房、卧室、卫生间、阳台等环境。学校中可分为教室、操场、图书馆、体育馆、其他功能教室等环境。社区中可分为餐馆、超市、商店、理发店、快递站等环境。

分析子环境中需要进行的相关活动。例如,在图书馆里面进行的活动,包括选择喜欢读的书目、在书架上找到想要阅读的书、找到空座位、安静地阅读。在教室里面进行的活动,包括找到自己的座位、把文具摆放好、认真听讲、老师提问后积极思考、举手回答问题、做课堂习题和作业、按老师指令完成具体的任务等。

分析次要环境中完成某一活动需要具备的具体的技能。如"写数学作业中解应用题"的活动需要具备的技能:认识题目中的生字、准确读出题目、理解题目的要求、按要求列出算式、计算答案、写出答案、写上单位名称、写出答语等。"在卫生间洗手"的活动需要具备的技能:打开水龙头、手放在水中冲洗、按压洗手液或拿出肥皂、将洗手液或肥皂在手上涂好并搓洗、把手上的泡沫冲洗干净等。

(3)评估学生在某一环境中为完成某一活动的具体技能是否具备,不具备的技能可以思考如何进行干预训练或提供相应的支持,从而使学生在训练后或支持下能够完成相应的活动,达到适应环境的目的。

(4)对需要干预训练的技能进行分析,从多项技能中选出优先需要掌握和发展的技能,形成教学目标。选择优先技能需要考虑的因素如下:学生当前能力水平、该技能在当前和未来是否是必需的技能、该技能是否增进了学生的独立性、该技能是否增加了儿童与他人互动的机会、该技能是否在多种场合能够应用、学生对这一技能是否有兴趣、学生周围的人是否能够为达成这一技能提供支持等。

(5)针对某一学生需要掌握的技能进行教学设计,然后实施教学。教学设计要结合学生的具体能力情况考虑教学方法和手段,特别的重度障碍学生的学习能力不足,更要引发学生的学习兴趣从而提升学习的效果。实施教学时可以采用多种方法,如小步子多循环、结合正强化、视听触多感官刺激、渐隐、链锁等。

(6)教学后的评价。短期可评价学生的某些技能提升情况,长期可再次评价学生在各项环境中的表现,了解学生适应环境能力的变化。

生态评估中可以使用生态分析表，针对某一学生情况填写评估具体的领域，层层分解主要环境、子环境、子环境中进行的活动，该活动应具备的技能，学生目前的表现和可提供的支持和辅助。需要注意的是，生态评估是一个个别化的过程，每个学生的年龄和能力不同，因而涉及的领域、具体的环境和环境中需进行的活动也因人而异，提供的辅助和支持也因学生周围的外部资源不同而有所差异。下表是一个生态分析表的样例，教师和家长可以根据学生具体情况来评价学生的能力情况，从而确定教学目标和提供的具体支持和辅助(表4-4)。

表4-4 生态分析表(样例)

明明的生态分析表						
领域	主要环境	子环境	活动	目前表现	应备技能	所需协助训练及辅具
居家生活	家庭	厨房(餐厅)	吃饭	不会自己用勺子、筷子、叉子等餐具	使用勺子	使用婴儿学吃饭期间使用的特别设计易抓握的勺子
			……	……	……	……
		卧室	穿脱衣物/换衣服	不会自己穿上衣和裤子	会系扣子	使用粘扣
					会区别衣物的前后面	提示前后的区别
			……	……	……	……
		卫生间	大小便	会小便，大便后需要帮忙	能独立大便	动作辅助
			……	……	……	……
		客厅	看电视	想看电视时会用动作要求父母帮忙，但不会表达	学会说"我要看电视"	通过沟通板辅助沟通
			……	……	……	……

六、档案评估

所谓档案评估是将障碍学生的学习成果或成就表现统整之后，以完整的、合宜的、精致的、成果导向式的档案格式，所呈现出来的一种独特的评估方式。档案评估也是一种非正式的评估，其按评估的性质与内容可分为三种：①表现档案，即以学生各项技能具体成果的表现为档案内容。如学生完成的作业和作品、学生技能表现的音频和视频等。②进阶档案，是以学生已具备进阶至下一阶段学习的具体证明为档案内容，即学生在某些学习领域达成的情况，如学生能够独立上下三层楼的楼梯、学生能够写出常用的 50 个字等。③自我反思档案，即以学生个人成长的自我评估记录为主要的档案内容。如学生不同年级的作业和作品；学生不同年级或年龄阶段的某些能力表现的记录（照片、视频、音频等）。总的来看，重度障碍学生的档案内容可能包括学业成绩、作业、作品、工作（学习）时的照片和视频、与朋友同学互动时的照片和视频、参与重要活动时的照片和视频、生活感言、学习心得、有意义的轶事记录、各项良好表现的证明、辅助科技使用记录（照片和视频），以及学生参加比赛或评选获得的奖状、奖章等。相对于其他较为传统的评估方法而言，档案评估可以说是近年来在重度障碍教育中较新的一种评估方式。其最大的特色在于尊重障碍学生的个别差异以及强调学生的正向学习表现与成就，通过档案内容体现学生的成长和进步，给学生精神上和心理上的学习动力支持。在档案评估中所展现的评估结果，都是学生近来在各种学习上的杰作或最佳表现，对于学生的优点自然具有较佳的增强及提升作用。

档案评估的实施步骤：

（1）确定评估的主要目标。可因学生的年龄、障碍程度、学科差异、学习内容的差异、评估的目的等差异考虑通过档案评估可达成的目标。

(2)根据评估目标确定评估的具体类型。如需评价某种学习的效果可考虑表现档案，如需评价学生能力的递进可考虑进阶档案，如需评价学生的学习成长可考虑自我反思档案。

(3)确定具体的评价目标及相应的评分标准。要注意档案评估如果仅仅是收集学生表现的资料，那么就只是形成了"档案"，而没有进行"评估"，因此要特别注重评估的作用。为此，要对具体的目标设定相应的评价标准（如评分的等级、表现的优劣的示例），通过评价反馈学生目标是否达成，以及达成的效果如何。有些标准可以和学生进行分析和讨论，使学生更加明确标准，对于何种表现能够得到更高等级的评价会促进学生努力达成高水平的表现。

(4)组织学生的作品。发放给学生档案盒或档案袋，写好姓名和档案内容。发布评价的具体标准。组织学生按照学习的阶段收集相应的作品或材料。

(5)定期对档案内的作品或材料进行评价。评价可以采用教师评分，也可以学生自评、学生互评、家长评分，可通过多个层面的评价促进学生对自己和他人的学习效果的理解。

总之，档案评估着重于表现学生的优点与正面的学习成果，而不像其他评估方式多以障碍学生的问题行为或无法完成的行为能力来作为评量的结果。因此其对于重度障碍学生具有正面学习与教育的意义。学生在档案评估中可以掌握主导权，学会从整体上看待自己的学习和成长。档案评估以学生学习效果为中心，所呈现的内容对于师生都能够起到总结和启发的作用，档案的内容是真实的、有组织的，评估内容又是多元的（多方面的材料）、个别化的（每个学生的档案都不同）、有针对性的（围绕学习目标），评估过程中增进师生、生生、家校、亲子的互动和交流，最重要的是让学生对自身的学习有了认识和反思，增进了学生的成就动机和自我效能。因此，可以认为对于重度障碍的学生，档案评估是有利于学生的成长和发展的一种评估方式，当然档案评估也存在一些问题：评分标准比较主观、评估用时长、可能增加教师的工作量和学生的作业量。但建议有需要时、有条件进行时还是可以考虑进行档案评估的。

七、动态评估

根据 Feuerstein 等(1987)的看法，动态评估强调认知的可改变性，将智力视为发展性的学习过程；认为传统的静态评估着重学习结果，无法提供信息以了解学生学习失败的原因或学生的能力到底有多少。相对于传统静态评估，动态评估的重点在于学习者认知的可改变性，并提供教学方案的有用信息，企图发现改进认知功能的方法。因此，动态评估是一种在教学前、教学中及教学后，以应对及调整评估情境的方式，对学生的认知能力（或学业能力）进行持续性的评估，以了解教学与认知改变（学习效果）的关系。

传统的静态评估强调结果导向，可能带来的"贴标签"问题。动态评估更强调的是过程性——在师生互动过程中学生的学习和成长变化。下表是对静态评估和动态评估进行的比较（表4-5）。

表4-5 静态评估与动态评估的比较

静态评估	动态评估
更关注评估结果	更关注评估过程
一次性的评估	持续性的评估
通过评估无法得知学生错误的原因	通过持续评估努力找到学生错误的原因
评估的基本信念：智力是相对稳定的	评估的基本信念：认知能力是可发展的
常模或标准参照的评估	自我参照的评估

动态评估是以"测验—教学—再测验"的形式，对儿童的一般认知能力或学科领域进行持续性的学习过程的评估。动态评估强调障碍学生具备学习潜能，通过教师与障碍学生的互动与持续的评估行为，来促进障碍学生有关错误类型的改善与表现解决问题的能力。简单来说，教师在教学过程中可以先针对学生情况和学习目标设计

测试题目，对学生的具体能力进行前测，通过测验结果发现学生这一目标当前掌握的情况，如学生尚未掌握则根据测验结果分析未掌握的原因，然后进行针对性的教学。教学后再对学生进行测验，来了解学生通过教学是否达成学习目标。如目标还未达成，则再次分析原因，设计教学，再进行新一轮的教学，再次测验学生，直到确认学生达成教学目标。这种貌似传统的教学步骤，但并非每一位老师都能真正在运用动态评估，真正的动态评估需要教师在教学互动中发现、分析、总结学生的认知特点、学习特点，找到最适当的方法教会学生。

动态评估从类型上可分为功能性与结构性两大类：①动态功能性评估，以增进个人在某项作业上的能力表现为主的评估方式。这种方式可以和教师的日常教学紧密联系起来。②动态结构性评估，是以着重强调从根本上改变受试者的认知功能结构而言的评估方式。这种方式和学生的认知能力训练可以有机结合。具体的又因不同研究者的研究目的不同发展出不同的模式，如学习潜能评估模式、极限评估模式、连续评估模式等，但其具体的程序大都是按照"前测—训练—后测"这一做法进行的，只不过具体的测试内容和相应的教学（训练）有差异。由于动态评估是在实际的教学情境中，对于学生进行实际能力的评估与了解，且以较正向的态度来看待学生的学习表现，因此也更能评估出学生的真实能力。动态评估要求教师明确评估的目的，并结合学生情况和评估目标（教学目标）设计相应的测验，以一对一的方式进行测验和教学，根据学生自身表现的变化（即自我参照的评估方式）来决定下一步的测验和教学。这一评估方式对教师的能力有比较高的要求，教师需要在教学和测验过程中善于分析学生、引导学生，要通过学生在测验上的表现准确把握学生的错误（未掌握）的原因。由于其做法的要求，动态评估也存在缺点：①教师需要花费较多时间来拟定测验题目和进行评估。②教师自编的评估题目的信度、效度不足，在测验质量上可能良莠不齐。③动态评估的程序尚待充分发展。④有些教师对于动态评估的具体做法并不了解。

动态评估的步骤：①依据学生的学习需求或认知能力的提升需求，确定教学目标，确定评估目标。②依据评估目标，拟定测验题目和通过的标准。③对学生进行前测。④分析前测的结果，调整教学内容和方法。⑤进行教学。⑥进行教学后的测验。⑦根据测验结果分析学生的学习效果，决定下一步的教学和测验的新内容。需要注意的是，动态评估是一个不断循环的过程，学生的学习是一个不断进阶的过程，因此动态评估对于教师来说也是一个通过不断与学生的互动过程更深入了解学生的过程。从评估的过程来看，动态评估的特点在于：以成功为导向，强调学生的学习潜能并通过评估和教学的过程改变学生的能力，评估中重视发现最佳的教学（训练）方法，引导学生对自身认知的思考，促进和提高学生的学习效能感。

总之，动态评估的方式是使用一项或一组认知、技能或情感领域里的测验来测量单一的学生，然后评估者或教学者再进一步提供针对性和动态性的教学，以引发学生好的表现和学习。老师的教学和学生的表现是以能力、动机、后设认知能力的改变来加以评估的。其评估所参照的标准是以学生在教学（训练）前后的表现，来进行前后的比较，而后再由教师根据前后的改变状况，加以进一步的分析并再次进行交互式的教学，以改善学生学习的成效。动态评估强调学生学习的主动性与可变性；评估者或教师与学生双方，均具有主动的特点。在评估过程与教学中，学生被引导以进行主动寻求和组织知识的学习和表现；评估方式通常是在"评估—教学—再评估"的模式中进行。由于动态评估通常是在教学的情境中，以一对一的教学评估方式进行，所以很少运用正式的标准化的测验，通常是教师自编测验，在个别的教学评估过程中师生进行动态的互动。因此，这一评估方法对于重度障碍学生与老师间的互动教学、个别化教学具有相当重要的价值与帮助。

八、课程本位评估

课程本位评估并非一种新的评估方式,反而应该是教师们最为熟悉的评估方法,并且可能是很多教师已经在使用的评估方法。课程本位评估强调以学生实际学习内容和材料作为教师评估教学训练成效的依据,并以学生在现有课程内容上的持续表现来决定其教育与训练的需求,这种评估方法多用于教育教学活动和相关训练过程中。正如在学校里面教师对学生进行的考试和测验,通常都是围绕课程内容进行的。课程本位评估的施测过程通常使用一组依序排列的作业或教学材料(所谓依序排列主要指的是学习内容的学科逻辑和难度的层次递进)来选取特定领域中的学习成果或行为,形成具有表面效度、高信度的测验,然后再针对个别的特定学生进行测验,其后再进一步根据测验的结果进行比较记录与分析,以了解学生学习的成效与进步的情况。这种评估方法还可以和前面提到的动态评估相结合,进行课程本位的动态评估。在这里课程本位是指内容上,动态则是指方法和程序上。课程评估方式多采用效标参照方式来进行评估结果的解释,即学生个人施测所得的分数是与某一绝对的标准做比较所得的结果,其目的在于反映受试者在知识技能上的精练水准。不同于常模参照测验,学生的分数取决于其他同学在同一试题上的表现,其所做比较的参照标准是相对性的(叶靖云,1996)。

课程本位评估的步骤:①分析课程,确定评估范围。②根据课程内容分解课程目标。③确定达成课程目标的学生行为表现。④根据学生要达成的表现设计评估的题目。⑤使用评估题目测试学生,获得学生的起点能力。⑥根据学生的起点能力确定学生的学习目标。⑦根据学生的学习目标选择教学内容,进行教学设计,选择适当的教学方法。⑧进行教学。⑨进行教学后学生学习效果的评价。⑩根据评价的结果确认教学目标的达成情况,反思教学中的问题和不足,进行新一轮的教学设计。

课程本位评估的优点一方面在于评估内容和教学紧密联系，评估结果直接作用于教师的改进，教师可结合教学内容随时监控学生的学习，调整教学设计和方法。另一方面，与标准化的测验不同，课程本位评估使用的测验容易编制，并且其内容可以多次重复施测，并不担心练习效应对评估结果的影响，因为很多教学内容正是需要学生反复练习的。此外，和标准化测验结果需要专业的解读相比，课程本位评估的评估结果家长容易理解其含义，教师和家长进行学生学业发展的沟通比较容易。当然，课程本位评估也存在一些问题，如测验质量良莠不齐、信效度不够理想。由于课程本位评估着重于学生对于教学内容与教材的学习并要求学生达到适当的能力水准，一般而言，较适合运用于轻度或学习障碍学生的认知与技能方面的学习，其对于学习能力较弱的重度多重障碍者而言，较不合宜，因此在运用时，要根据重度障碍学生的学习内容和领域进行修正与调整。

九、极重度障碍者的评估

由于多数的极重度障碍者均有严重的神经、知觉、动作、生理或感官的损伤，使他们在各方面发展上与同龄人存在极大的差异，因此大多数评估工具特别是发展性的评估工具并不适用于极重度障碍学生。对极重度障碍个体可以通过专门设计的评估工具进行相关评估。如林丽英编制的《极重度多重障碍个案照护与疗愈课程评量手册》，该测验从2个主领域共8个副领域对极重度障碍个体进行多方面的评估。具体包括：照护主领域，分为生理功能稳定、生活照护、医疗照护和复健4个副领域；基本能力训练主领域，分为觉醒程度、感官反应、身体动作和适应行为4个副领域。每个副领域中又包括具体的题目。如生理功能稳定副领域的题目涉及：①呼吸顺畅；②体温控制；③心率；④饮水量及排尿量。每一个题目下面均有具体的选项，供评估者依据对学生的了解进行评价。评估结果通过总侧面图和每一领域的侧面图来呈现。根据这一评估工具可以对极重度障碍的学生有比较全面的了解。此外，还可通过每天长时间的观察记录获得学生相关的生理资料，了解其身心状态，并以此为基础，进行有关的教学活动。

十、评估时需要考虑的相关问题与原则

当评估重度障碍学生时，需要考虑下列问题：

（1）重度障碍学生在学习上有怎样的特殊需要，是否可以通过调整（accommodation）或辅助科技来改变评估的内容？

（2）是否可以用不同的评估方式来获得有关的资料？

（3）重度障碍学生在生理上有何特殊的限制导致影响其学习与就业活动或评估行为的进行？

（4）是否有个别适合的定位与扶持技术来协助障碍程度严重者，以进行有关的评估工作？

（5）评估时是否获得重度障碍学生本人许可或其家长或监护人的同意？

（6）当使用标准化的测验工具时，评估的工具是否合法、有版权或具有适当的信度与效度？

（7）进行评估时，评估者是否具有评估的相关专业知识和能力？

（8）评估后是否对资料进行妥善的保管与保密？

（9）评估后是否适当地对重度障碍学生或其家长或监护人说明评估结果？

在评估身心障碍者的相关能力时，应当遵守下列原则：

（1）科际整合与专业团队原则。这一原则强调评估时的不同学科和专业团队的合作，评估并非某一个教师个人的行为，而是需要一个专业团队进行。

（2）精确性与无歧视原则。这一原则强调评估的准确性和评估工具选择和解释结果方面的无歧视性，以保证评估的公平公正。

（3）保护性与最少限制原则。这一原则强调对障碍学生的保护及评估结果运用的最少限制，以防学生被不当地安置，影响学生的社会性发展。

（4）身心障碍者与家长参与原则。这一原则强调评估的主体是学生，同时家长有权利对学生的评估方法、评估过程、评估结果等方面充分地了解，并且提出一些对学生教学和康复训练方面的需求。

（5）多元化内容与多元化策略原则。这一原则强调评估是多元化的，包括使用不同的评估方法和评估工具，评估学生多方面的能力，以完整了解学生的能力和发展水平。

（6）障碍者自我决策与拥护原则。这一原则强调在学生安置方面需要考虑学生自身的意愿，拥护学生的想法，使学生逐步成长为具有自主性的个体。

第五节 常见的重度障碍儿童评估工具

对大多数重度障碍者使用标准化的智力测验没有意义。标准化智力测验的常模之中极少涉及重度障碍儿童的常模样本，很多测验很难测得重度障碍儿童的结果，或测验得到的结果对制订适当的教育计划无用。一些测量基本认知技能的内容儿童并没有学过。对于他们来说比较好的评价其是否达到特殊课程目标和教育发展所需技能的方法是生态评估和制订行动计划法。

一、智力或认知能力评估工具

1. 韦克斯勒儿童智力量表（中文版第四版）

适用年龄范围：6~16岁。

测验形式：个别施测。

测验内容：共14个测验，包括10个核心测验，4个补充测验。

言语理解：类同、词汇、理解、常识（补充测验）；知觉推理：矩阵推理、积木、图形概念、填图（补充测验）；工作记忆：数字广度、字母－数字排序、算数（补充测验）；加工速度：符号检索、译码、划消（补充测验）。

测验结果能够显示被试的总智商以及4个领域发展商数，从而判断儿童的智商情况及相对的优势和劣势。该测验不适合极重度障碍儿童，这些儿童可能无法理解题目要求或无法回答或做出相应的行为反应。

2. 古迪纳夫—哈里斯绘人测验

适用年龄范围：4～12岁。

测验形式：可个别施测，也可团体施测。

测验内容：让被试画一张全身的人像，时间不限。主试按照评分标准及评分样例进行评分，然后根据被试的实足年龄和原始分数查智商转化表，得到被试的智商。

这项测验简便易行，但对于手部存在肢体障碍的儿童可能存在限制。

3. 学龄前儿童50项智能筛查量表

适用年龄范围：4～7岁。

测验形式：个别施测。

测验内容：共50个项目，其中13个测试自我认识能力、13个测试运动能力、4个测试记忆力、6个测试观察力、9个测试思维能力、5个测试常识。被试逐题接受测试，评估人员进行评分，满分60分。评估人员根据被试得分和年龄，查找常模表，得到评估结果。

4. 瑞文标准推理测验

适用年龄范围：5岁半～70岁。

测验形式：团体施测、个别施测均可。

测验内容：测试材料为图片，下方有选项，请被试选择合适的选项。共60题，由5组题目构成，每组12题，题目难度逐渐递进。

主要考查个体的知觉、观察、思维、发现和利用所需信息解决问题的能力。

这项测验适合作为智力筛查测验,使用简便,结果容易解释,测验对象不受文化、语言、种族的影响,对于听力、语言和肢体障碍的个体也没有限制。但是对于重度、极重度障碍儿童,很难确定最终结果的准确性,被试可能存在并不理解题意也不会答题的情况下随机选择得到结果的情况。

5. 瑞文彩色图形智力测验

适用年龄范围:5~11岁及智力疑似缺陷的成人。

测验形式:团体施测、个别施测均可。

测验内容:测试材料为彩色图片,下方有选项,请被试选合适的选项。共36题,由3组题目构成,每组12题,题目难度逐渐递增。主要考查个体的知觉、观察、思维、发现和利用所需信息解决问题的能力。

这项测验和瑞文标准推理测验相比难度降低,能较好地鉴别智力水平比较低的测验对象。测验使用简便,结果容易解释,测验对象不受文化、语言、种族的影响,对于听力、语言和肢体障碍的个体也没有限制。但是对于重度、极重度障碍儿童,很难确定最终结果的准确性,被试可能存在并不理解题意也不会答题的情况下随机选择得到结果的情况。

6. 儿童智力筛查测验

适用年龄范围:7~15岁。

测验形式:个别施测。

测验内容:测验共8个项目,每个项目5题,满分40分。项目包括认识图形、图片填充、照管日常生活、计算、对普通伤害的防卫、分辨能力、言语、理解。被试逐题接受测试,评估人员进行评分,满分40分。评估人员根据被试得分和年龄,查找常模表,得到评估结果。

这项测验施测快速简便，主要作用是识别儿童是否存在智力障碍，并不能评估儿童的智商水平。

二、知觉动作能力评估工具

儿童感觉统合能力发展评定量表

适用年龄范围：4~12岁。

测验形式：由熟悉儿童情况的家长或教师根据儿童最近6个月的表现，对各领域进行评分。

测验内容：测验包括5个部分，其中前庭失衡14题、触觉防御21题、本体感失调12题、学习能力不足8题、大年龄儿童的问题3题。家长评分后，评估人员根据原始分与标准分转化表将原始分转化为标准分，然后根据标准分的情况判断儿童是否存在失调情况或失调的严重程度。标准分≤40分说明被试存在感觉统合失调现象，标准分数＜20分为重度失调，标准分＜30分为中度失调，标准分≤40分为轻度失调。

这项测验简便易行，能够根据评估结果明确存在失调的具体领域，可针对情况制订干预计划。为加强评估结果的准确性，要关注家长对题目内容中词句的理解是否准确，有必要为家长进行一些解释或举例以帮助其理解。

三、语言能力评估工具

学前儿童语言障碍评量表

适用年龄范围：3~5岁。

测验形式：个别施测。

测验内容：测验分为语言理解和口语表达两个分测验。语言理解分测验30题，用来了解儿童对于基本的指令、词汇含义和句子含义的理解；口语表达分测验32题，测试儿童基本的构音、气息、声调、词汇和句子的表达。其中最后两题评估人员让儿童根据图片讲述故事和讲一个儿童熟悉的故事，以此考查儿童表达的完整性、顺序性和准确性。

这项测验能够对学前儿童的语言理解和口语表达进行比较全面的测试，但对于儿童的基本认知能力有一定的要求，对于重度和极重度障碍儿童可能存在困难。

四、适应行为评估工具

1. 文兰适应行为量表

适用年龄范围：调查表适用于 0～18 岁；扩展表适用于 0～18 岁；课堂评定表适用于 3～12 岁。

测验形式：熟悉儿童情况的教师和家长根据儿童的日常行为表现在量表的各题目上进行评分。

测验内容：调查表包括 297 个条目，用于评估一般适应能力；扩展表包括 577 个条目，评估更广泛、更具体的适应行为。课堂评定表共 244 个条目，用于评估儿童在课堂中的适应行为。测量 4 个领域：沟通、日常生活技能、社会化和运动技能。

2. 婴儿–初中生社会生活能力量表

适用年龄范围：0 个月～14 岁。

测验形式：熟悉儿童情况的教师和家长根据儿童的日常行为表现在量表的各题目上进行评分。

测验内容：测验共 132 题，分为 6 个领域：独立生活、运动、作业操作、交往、参加集体活动和自我管理。

家长或教师根据儿童的年龄找到评价的起始题目，然后根据规则进行评分，当儿童连续 10 个题目不通过时，结束评分。评估人员根据儿童的年龄将原始分转为标准分，然后根据标准分的情况判断儿童是否存在适应能力不足或适应能力不足的严重程度。标准分 10 分及以上说明被试适应能力正常，11 分为高常、12 分为优秀、13 分为非常优秀。低于10分的情况下，9分为边缘、8分为轻度、7分为中度、6分为重度、5分为极重度。家长和教师可根据评估结果对儿童开展针对性的干预和训练，以提升其适应能力。

五、发展性评估工具

1. 孤独症儿童发展评估表

适用年龄范围：生理及心理发展水平在0~6岁的孤独症儿童及其他发展性障碍儿童。

测验形式：个别施测。

测验内容：这项测验分为8个领域共493个题目，每一评估领域独立进行评估。8个领域分别是感知觉、粗大动作、精细动作、语言与沟通、认知、社会交往、生活自理、情绪与行为。

评估者根据被试实足年龄选择每个领域适当的起始题目，根据被试在题目上实际表现或平时观察的结果对儿童进行评分，然后根据评分结果在剖面图上找到儿童当前各领域能力发展达到的水平。可根据评估结果为被试制定具体的教育和干预方案，干预后还可再次测试来确定干预的效果。

2. 年龄与发育进程问卷

适用年龄范围：0~5岁。

测验形式：根据儿童年龄家长选择适用问卷，再根据儿童情况进行评分。

测验内容：这项测验涉及婴幼儿的身体发育、沟通、肢体动作、解决问题、个人与社会交往等能力。将儿童所有题目得分相加得到总分，结合量表中的评分标准及临界值，对于分数超过临界值的儿童要持续观察和进一步评估。

3. Peabody 运动发育量表

适用年龄范围：0~5岁。

测验形式：个别施测。

测验内容：这项测验分为6个分测验，包括反射、姿势、移动、实物操作、抓握、视觉－动作整合。测试结果反映儿童的粗大动作、精细动作和总运动的发育商数。

教师可根据评估结果设计干预方案，干预后可再次评估确定干预效果。

4. 丹佛发育筛查测验

适用年龄范围：0~6岁。

测验形式：个别施测，大部分项目通过现场观察儿童对测试的反应及完成情况进行评分，少部分项目通过询问家长获得结果。首先准确计算婴幼儿的实际年龄，然后在筛查记录表的顶端和底端找到年龄刻度，画下年龄线。测试项目数根据年龄和能力而定，即每个能区先测查年龄线左侧的3项，然后测查压年龄线的所有项目。项目的评定标记为："P"表示通过，"F"为未通过，"R"提示婴幼儿不肯展示能力，"NO"为婴幼儿无机会展示能力。

测验内容：国内标化版共104项，涉及4个能区，包括个人－社会、精细动作－适应性、言语、大动作。测验结果分为正常、可疑、异常和无法解释。异常：①2个或更多区有2个或更多项迟缓；②1个区有2个或更多项迟缓，加上另1个或多个区有1个迟缓，并且该能区压年龄线的项目均失败者。可疑：①1个区有2项或更多迟缓；②1个或更多区有1个迟缓，并且该能区压年龄线的项目均失败者。正常：无上述情况者。凡在年龄线左侧的项目失败者称为迟缓，但接触年龄线的项目失败不算迟缓。

测验的优点在于测验操作简便，花费时间少，能筛查出一些可能有问题，但在临床上无症状的儿童，也可以对感到有问题的经检查加以证实或否定；还可对高危婴幼儿（如围产期曾发生过问题的）进行发育监测以便及时发现问题，同时还可能识别儿童属于哪一个能区发育迟缓而对该能区进行早期干预。

5. 极重度多重障碍个案照护与疗愈课程评量

适用年龄范围：各年龄段的极重度多重障碍个体。

测验形式：个别施测。

测验内容：该测验从2个主领域共8个副领域对极重度障碍个体进行多方面的评估，共21题。具体包括：照护主领域，分为生理功能稳定、生活照护、医疗照护和复健4个副领域；基本能力训练主领域，分为觉醒程度、感官反应、身体动作和适应行为4个副领域。每个副领域中又包括具体的题目。生理功能副领域的题目包括：①呼吸顺畅；②体温控制；③心率；④饮水量及排尿量。生活照护领域的题目包括：①饮食；②如厕；③清洁照护。医疗照护领域的题目：特殊医疗照护。复健领域的题目：被动关节运动。觉醒程度副领域的题目：觉醒程度。感官反应副领域的题目包括：①视觉应用；②听觉应用；③触觉应用；④味嗅觉应用；⑤前庭本体刺激。身体动作副领域的题目包括：①粗大动作；②精细动作。适应行为副领域的题目包括：①情绪社会性；②口语前沟通能力；③认知概念。每一个题目下面均有具体的选项，供评估者依据对学生的了解进行评分。评分结果通过总侧面图和每一领域的侧面图来呈现。根据这一评估工具可以对极重度障碍的学生有比较全面的了解。

总之，对于重度障碍学生而言，在评估领域和具体评估工具的选择方面需要结合学生的身心基本情况，通过评估了解儿童的能力发展现状并制订进一步的教育和干预方案（IEP），并通过定期评估确认教育教学的效果。重度障碍学生的评估重点通常不在于学业能力的发展，而是学生基本的感知动作能力发展、生活自理、沟通交往和社会适应方面的能力。评估结果不是为了给儿童贴上"重度障碍"的标签，更重要的是找到儿童各方面的需求，并提供相应的支持，

使儿童获得最大限度的发展。

1. 重度障碍儿童评估的原则有哪些？
2. 重度障碍儿童评估有哪些步骤？
3. 常见的重度障碍学生教育评估类型有哪些？
4. 重度障碍学生的评估方法中哪些集中评估儿童的行为问题？

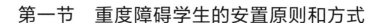

第五章 重度障碍学生的教育康复策略

第一节 重度障碍学生的安置原则和方式

一、与安置有关的法律法规

(一)《残疾人教育条例》的相关规定

根据我国2017年修订的《残疾人教育条例》，以下条目中对于障碍者的评估、各学龄阶段的安置、教学条件等方面有具体的规定。

第三条　残疾人教育应当提高教育质量，积极推进融合教育，根据残疾人的残疾类别和接受能力，采取普通教育方式或者特殊教育方式，优先采取普通教育方式。

第七条　学前教育机构、各级各类学校及其他教育机构应当依照本条例以及国家有关法律、法规的规定，实施残疾人教育；对符合法律、法规规定条件的残疾人申请入学，不得拒绝招收。

第十五条　县级人民政府教育行政部门应当会同卫生行政部门、民政部门、残疾人联合会，根据新生儿疾病筛查和学龄前儿童残疾筛查、残疾人统计等信息，对义务教育适龄残疾儿童、少年进行入学前登记，全面掌握本行政区域内义务教育适龄残疾儿童、少年的数量和残疾情况。

第十六条　县级人民政府应当根据本行政区域内残疾儿童、少年的数量、类别和分布情况，统筹规划，优先在部分普通学校中建立特殊教育资源教室，配备必要的设备和专门从事残疾人教育的教师及专业人员，指定其招收残疾儿童、少年接受义务教育；并支持其他普通学校根据需要建立特殊教育资源教室，或者安排具备相应资源、条件的学校为招收残疾学生的其他普通学校提供必要的支持。

县级人民政府应当为实施义务教育的特殊教育学校配备必要的残疾人教育教学、康复评估和康复训练等仪器设备，并加强九年一贯制义务教育特殊教育学校建设。

第十七条　适龄残疾儿童、少年能够适应普通学校学习生活、接受普通教育的，依照《中华人民共和国义务教育法》的规定就近到普通学校入学接受义务教育。

适龄残疾儿童、少年能够接受普通教育，但是学习生活需要特别支持的，根据身体状况就近到县级人民政府教育行政部门在一定区域内指定的具备相应资源、条件的普通学校入学接受义务教育。

适龄残疾儿童、少年不能接受普通教育的，由县级人民政府教育行政部门统筹安排进入特殊教育学校接受义务教育。

适龄残疾儿童、少年需要专人护理，不能到学校就读的，由县级人民政府教育行政部门统筹安排，通过提供送教上门或者远程教育等方式实施义务教育，并纳入学籍管理。

第十八条　在特殊教育学校学习的残疾儿童、少年，经教育、康复训练，能够接受普通教育的，学校可以建议残疾儿童、少年的父母或者其他监护人将其转入或者升入普通学校接受义务教育。

在普通学校学习的残疾儿童、少年，难以适应普通学校学习生活的，学校可以建议残疾儿童、少年的父母或者其他监护人将其转入指定的普通学校或者特殊教育学校接受义务教育。

第十九条　适龄残疾儿童、少年接受教育的能力和适应学校学习生活的能力应当根据其残疾类别、残疾程度、补偿程度以及学校办学条件等因素判断。

第二十条 县级人民政府教育行政部门应当会同卫生行政部门、民政部门、残疾人联合会，建立由教育、心理、康复、社会工作等方面专家组成的残疾人教育专家委员会。

残疾人教育专家委员会可以接受教育行政部门的委托，对适龄残疾儿童、少年的身体状况，接受教育的能力和适应学校学习生活的能力进行评估，提出入学、转学建议；对残疾人义务教育问题提供咨询，提出建议。

第二十二条 招收残疾学生的普通学校应当将残疾学生合理编入班级；残疾学生较多的，可以设置专门的特殊教育班级。

招收残疾学生的普通学校应当安排专门从事残疾人教育的教师或者经验丰富的教师承担随班就读或者特殊教育班级的教育教学工作，并适当缩减班级学生数额，为残疾学生入学后的学习、生活提供便利和条件，保障残疾学生平等参与教育教学和学校组织的各项活动。

第二十八条 残疾人职业教育由普通职业教育机构和特殊职业教育机构实施，以普通职业教育机构为主。

第三十一条 各级人民政府应当积极采取措施，逐步提高残疾幼儿接受学前教育的比例。

县级人民政府及其教育行政部门、民政部门等有关部门应当支持普通幼儿园创造条件招收残疾幼儿；支持特殊教育学校和具备办学条件的残疾儿童福利机构、残疾儿童康复机构等实施学前教育。

第三十四条 普通高级中等学校、高等学校、继续教育机构应当招收符合国家规定的录取标准的残疾考生入学，不得因其残疾而拒绝招收。

总之，根据《残疾人教育条例》中的相关条目，对于重度障碍儿童的评估由各地区残疾人教育专家委员会进行，评估结果是特殊儿童的入学、转学的依据，残疾人教育专家委员会对特殊儿童的教育问题提供咨询。在特殊儿童的安置形式方面，积极推进融合教育，根据儿童的残疾类别和接受能力，采取普通教育方式或者特殊教育方式，优先采取普通教育方式。个别特殊儿童由于身体原因不能到学校就读的，通过提供送教上门或者远程教育等方式实施义务教育，并纳入学籍管理。因此，大部分重度障碍儿童的安置形式是特殊教育学校，极重度障碍儿童可能需要送教上门和远程教育的形式接受教育，比较少数的重度障碍儿童可以通过融合教育的形式进行安置。

（二）《中华人民共和国残疾人保障法》的相关规定

我国2018年颁布的《中华人民共和国残疾人保障法》的有关条例也对特殊儿童的教育和安置做出了具体的规定。

第二十五条　普通教育机构对具有接受普通教育能力的残疾人实施教育，并为其学习提供便利和帮助。

普通小学、初级中等学校，必须招收能适应其学习生活的残疾儿童、少年入学；普通高级中等学校、中等职业学校和高等学校，必须招收符合国家规定的录取要求的残疾考生入学，不得因其残疾而拒绝招收；拒绝招收的，当事人或者其亲属、监护人可以要求有关部门处理，有关部门应当责令该学校招收。

普通幼儿教育机构应当接收能适应其生活的残疾幼儿。

第二十六条　残疾幼儿教育机构、普通幼儿教育机构附设的残疾儿童班、特殊教育机构的学前班、残疾儿童福利机构、残疾儿童家庭，对残疾儿童实施学前教育。

初级中等以下特殊教育机构和普通教育机构附设的特殊教育班，对不具有接受普通教育能力的残疾儿童、少年实施义务教育。

高级中等以上特殊教育机构、普通教育机构附设的特殊教育班和残疾人职业教育机构，对符合条件的残疾人实施高级中等以上文化教育、职业教育。

提供特殊教育的机构应当具备适合残疾人学习、康复、生活特点的场所和设施。

上述法律法规中明确规定特殊儿童的安置方式是以普通教育机构为主，并对特殊教育机构的教学条件提出要求，但对于违反相关规定的做法的惩处方式没有明确的规定。

二、重度障碍学生的安置原则

在前述的相关条例中体现出障碍者安置的几项原则：

1. 零拒绝原则

《残疾人教育条例》中规定，"学前教育机构、各级各类学校及其他教育机构应当依照本条例以及国家有关法律、法规的规定，实施残疾人教育；对符合法律、法规规定条件的残疾人申请入学，不得拒绝招收。普通高级中等学校、高等学校、继续教育机构应当招收符合国家规定的录取标准的残疾考生入学，不得因其残疾而拒绝招收。"《中华人民共和国残疾人保障法》中也规定，"普通小学、初级中等学校，必须招收能适应其学习生活的残疾儿童、少年入学；普通高级中等学校、中等职业学校和高等学校，必须招收符合国家规定的录取要求的残疾考生入学，不得因其残疾而拒绝招收；拒绝招收的，当事人或者其亲属、监护人可以要求有关部门处理，有关部门应当责令该学校招收。"

2. 残疾人教育专家委员会负责原则

《残疾人教育条例》中规定，"县级人民政府教育行政部门应当会同卫生行政部门、民政部门、残疾人联合会，建立由教育、心理、康复、社会工作等方面专家组成的残疾人教育专家委员会。残疾人教育专家委员会可以接受教育行政部门的委托，对适龄残疾儿童、少年的身体状况、接受教育的能力和适应学校学习生活的能力进行评估，提出入学、转学建议；对残疾人义务教育问题提供咨询，提出建议。"

3. 满足学生学习需要，最少限制环境为原则

《残疾人教育条例》中规定，"残疾人教育应当提高教育质量，积极推进融合教育，根据残疾人的残疾类别和接受能力，采取普通教育方式或者特殊教育方式，优先采取普通教育方式。在特殊教育学校学习的残疾儿童、少年，经教育、康复训练，能够接受普通教育的，学校可以建议残疾儿童、少年的父母或者其他监护人将其转入或者升入普通学校接受义务教育。在普通学校学习的残疾儿童、少年，难以适应普通学校学习生活的，学校可以建议残疾儿童、少年的父母或者其他监护人将其转入指定的普通学校或者特殊教育学校接受义务教育。适龄残疾儿童、少年接受教育的能力和适应学校学习生活的能力应当根据其残疾类别、残疾程度、补偿程度以及学校办学条件等因素判断。"

4. 就近入学原则

《残疾人教育条例》中规定，"适龄残疾儿童、少年能够适应普通学校学习生活、接受普通教育的，依照《中华人民共和国义务教育法》的规定就近到普通学校入学接受义务教育。适龄残疾儿童、少年能够接受普通教育，但是学习生活需要特别支持的，根据身体状况就近到县级人民政府教育行政部门在一定区域内指定的具备相应资源、条件的普通学校入学接受义务教育。"

5. 弹性安置原则

《残疾人教育条例》中规定，"在特殊教育学校学习的残疾儿童、少年，经教育、康复训练，能够接受普通教育的，学校可以建议残疾儿童、少年的父母或者其他监护人将其转入或者升入普通学校接受义务教育。在普通学校学习的残疾儿童、少年，难以适应普通学校学习生活的，学校可以建议残疾儿童、少年的父母或者其他监护人将其转入指定的普通学校或者特殊教育学校接受义务教育。招收残疾学生的普通学校应当将残疾学生合理编入班级；残疾学生较多的，可以设置专门的特殊教育班级。

三、重度障碍学生的安置形态

根据我国特殊教育方面法律法规的相关规定，以及国际国内特殊教育的发展趋势，当前重度障碍儿童的安置形态，有以下几种：

1. 普通学校普通班

重度障碍学生完全回归普通班进行学习活动，由普通班教师担任所有的教学工作。普通班教师接受特殊教育课程的训练，或向特殊教育专家或相关专业团队学者咨询并寻求协助与支持，以协助重度障碍学生在班级当中学习。此种方式为目前世界各国安置障碍学生的主要趋势。但是，这种安置形式对普通教育教师的专业性有较高的要求，对学校能够为学生提供的支持资源也有较高的要求，因此目前我国普通学校还无法支持重度障碍学生的教育教学和康复训练工作。

2. 普通班加巡回辅导

障碍学生安置在普通班中进行回归融合学习活动，普通班教师担任大多数的教学工作，并由各地特殊教育中心派出巡回辅导教师或专业人员在教学当中，提供必要的学习协助。当前随着融合教育的推进，这种安置趋势也扩展到重度及多重障碍学生，是目前世界各国安置多重障碍学生的主流方式之一，但从我国当前的实际情况来讲普通班加巡回辅导的形式来支持重度障碍儿童的教育教学还存在比较大的困难。

3. 资源教室

这种安置方式是指障碍学生有部分时间在普通班中，由普通班老师进行回归融合学习活动，并于部分时间或某些特定的课程至资源教室，由特殊教育老师或专业人员提供特殊教育服务。由于资源班兼具有回归融合与特殊教育的精神，这也是目前世界各国安置障碍学生的主流方式之一。

4. 特殊班

在一般的普通学校中，专门成立的特殊班级以安置障碍学生，且学生大部分时间均在该班级中，由特殊教育教师或专业人员提供

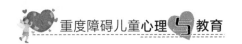

特殊教育的服务。由于这种特殊教育安置方式可以对重度障碍儿童提供专业服务，比较适合重度或极重度多重障碍的学生，但此种方式在很多特殊教育较为发达的国家呈现日趋减少的趋势。

5. 特殊学校

障碍学生被安置在专门特殊的学校当中，这种安置形态又可分为通学制与住宿制两种，障碍学生在此特定的学校环境中，由特殊教育教师或相关专业人员提供特殊教育服务。这种特殊教育安置方式也能够对障碍学生提供专业服务，比较适合重度或极重度多重障碍的学生，当前在我国仍然是特殊儿童安置的比较重要的方式之一。

6. 教养机构

障碍学生被安置在养护性的特定机构中，由特殊教育教师或相关专业人员提供特殊教育服务或相关的医疗服务。此安置形态可分为通学制与住宿制两种，一般而言，均为住宿制形态。此外，有些重度障碍学生白天可能在学校(特殊班或特殊学校)上课或从事学习，晚上则回到教养机构进行养护性安置。一般而言，安置在机构的重度障碍学生多数为极重度障碍儿童，其需要长时期的养护照顾；此种方式对于多数的学龄阶段的重度障碍学生而言，其教育的学习效果较弱，因此除非有必要，不宜以此方式来安置重度障碍学生。

7. 送教上门

指对于少数因生理障碍、身体病弱或机能损伤而需住院治疗或休养的重度障碍学生(非因行动不方便)，由学校或教育局派遣特殊教育教师或相关专业人员至学生家中或医院进行特殊教育与服务的一种方式。这种方式仅适合少数极重度障碍学生，因为健康状况而不得不在家中或医疗单位进行学习活动。

根据我国的相关法律法规，目前重度障碍学生的安置应依上述规定加以执行。由于重度障碍儿童的身心障碍程度严重，重度障碍儿童很难在普通学校学习，其安置主要形式是特殊教育学校，部分程度十分严重的极重度障碍儿童和多重障碍儿童可能并无接受学校教育的机会，只能通过送教上门和远程教育的方式接受教育。当前国内不同地区也在不断完善并构建符合本地实际的送教上门的模式。如云南省玉溪市构建的以政府为主导，多部门参与的区域送教上门支持保障体系模式（夏峰等，2016）。福建省晋江市创建普特双向融合、全方位保障的送教上门模式（许文权，2016）。北京市形成"海淀模式"（于文，2016），浙江省桐乡市形成"通向模式"（陈文强，2017）。江苏省泰兴市构建的特教中心与残联合作的"送教上门"新模式（常建文，2018）。李科等人的研究指出，我国送教上门工作基本构建了以政府为主导，教育行政部门为主体、各职能部门紧密配合、社会共同参与的管理模式。各地采取合理安置、属地负责、任务到校管理、提供专项经费、组建送教队伍等举措，初步形成政府引领的特殊教育学校、普通学校、家庭、社会相互支持的机制。但同时也存在送教工作机制不健全、送教管理制度不完善、送教对象评估标准不规范、送教人员专业性不强、送教内容针对性不强等问题（李科，郭文斌，2023）。我国地域辽阔，各地区教育资源不均衡，特殊教育学校、康复机构等送教上门的服务所依托的基础条件发展水平不均衡，各地送教上门的工作也存在不同的问题。如黄川玲等人的研究指出，新疆地区的送教上门工作存在政策落实有差距，执行效果有偏差；送教主体较单一，送教教师康复训练能力薄弱；多部门协同联动机制体系尚未完善，送教上门的支持保障体系还需健全等问题（黄川玲等，2024）。

总之，重度障碍学生的教育安置应结合学生的具体情况根据特殊教育法律法规的相关规定进行。教育安置应以满足学生学习需要为前提，最少限制环境为原则。

第二节 重度障碍学生的学习与课程

一、重度障碍学生学习方面存在的困难

2008年英国教育标准办公室(office for standards in education, Ofsted)发布的社区特殊学校报告中首次提及"复杂性需要学生(students with complex needs)"的术语,此后不断有学者使用此概念并对"复杂性"进行解释。如有学者认为这种"复杂性"是指在多个生活领域存在着复杂的聚合性的困难,或者涉及至少两种以上残疾,出现"共现(co-occur)""共存(co-exist)"或"重叠(overlap)"等情况。这些描述与医学领域所称的"共病"或"伴随疾病"相近,譬如临床上比较典型的是唐氏综合征伴随精神障碍、努南综合征伴有肢体障碍、脑瘫合并感官障碍(由于早产)或自闭症伴有注意力缺陷症等。这些情况的描述与重度障碍学生的实际状况存在紧密的联系。

该群体在其不同的发展领域和学习方面都呈现出一种"教学的脆弱性(Pedagogical vulnerability)"。通过对相关成果的梳理,可以把这种"教学的脆弱性"归结为以下几个主要方面(盛永进等,2017):

(一)教育教学干预策略的"兼容性"差

由于个体存在障碍重叠或共生,已有的教育教学干预策略或方法之间可能存在着潜在的冲突,或者说不能"兼容"。即对某一种障碍条件,特殊教育可能已积累了成熟而有效的教育策略与方法,但是面对两种或两种以上的障碍情况,并非就可以直接采用对应的方法解决学习中的困难。比如,对于视觉障碍兼自闭症的学生,从视觉障碍的角度来讲,学习中要求尽量通过其他感官渠道进行信息的补偿;而从自闭症的特征角度看,则需要充分发挥其视觉的优势来促进学生参与学习。这两种方法在视觉障碍兼自闭症的儿童身上存在明显的矛盾与冲突，难以兼容。面对这种"教学的脆弱性"，教育者不仅要研究寻找适合学生个性化学习的信息通道接口，而且要在已有的策略和方法中考虑哪些是可以优先采纳的，对于这些问题的解决既需要专业的经验判断，又需要强有力的实践循证支持。

（二）学生在学习领域发展的不平衡

重度及多重障碍加剧了学生个体不同领域发展的不平衡性，即不同的学习领域往往表现出突出的不均衡状态，有时可能出现某一领域的极化现象，或某些方面的习得呈现出一种"岛状"获得现象。比如，有些自闭症学生，虽然整体智力功能低下，但在某些领域，诸如根式计算或细节记忆方面却有着超乎寻常的发展水平。要满足这样一个学生的多样化需要，对教师来说确是一项严峻的挑战。因为即使某个学生在某项学习领域有着积极的强势，如果缺少其他发展领域的相应支持，这些强势也难以获得可持续发展。

（三）普遍缺乏学习的专注力

重度及多重障碍学生在学习过程中普遍表现出专注力水平低，有效注意时间短的特征。不管是主动的学习，还是被动的学习，极易受到教学环境中任何可能出现的不适当因素的影响。没有学习过程的专注，教学的效率就没有保障，也不会带来有意义的学习成果。因此，教学过程中"当缺乏学习专注时，多重障碍学生不仅失去了重要的学习机会，也往往可能变得心烦意乱，随之出现破坏性的问题行为"。如何根据学生的兴趣、需要、表现，创设适当的教学情境，提高学生学习的参与水平，是教师教学所面临的重要挑战（盛永进等，2017）。

二、重度障碍学生的教学原则

考察国内外有关重度障碍学生教育的做法，重度障碍学生的学习应该符合下列的精神与原则：

(一)专业团队合作进行

如同在上一章有关重度障碍学生的诊断与鉴定原则,重度障碍学生的教育也需通过专业团队的合作方式来加以进行。教育团队成员包括特殊教育教师、普通教育教师、言语治疗师、职业治疗师、物理治疗师、校医、特殊教育专家及学生家长。教育团队成员需要站在学生的角度,通过讨论,形成教育方面的决定。团队成员要对教学内容达成共识,形成学生的个别化教育计划。教育团队分析收集到的信息,从三类技能(基本技能、学业技能、功能性技能)中选择教育目标。

(二)个性化学习与参与

个别化教育计划,指运用专业团队合作方式,针对身心障碍学生个别特性所拟定之特殊教育及相关服务计划高度的个别化,标志着高质量的特殊教育。然而对于多重、重度障碍群体,学者们认为传统的"个别化(individualized)"一词似乎并不能强调或满足个体异质性极大的学习需要,于是提出了"个性化学习与参与(personalized learning and engagement)"的口号。个性化学习作为一种教育理念,教育界早已有之。个性化学习口号被引入重度多重、重度障碍教育中,主要强调个性化的课程设计和个性化的学习参与。

1. 个性化课程设计

个性化学习首先要求课程要适应学生,而非学生适应课程。英国曼彻斯特大学教授PeterImray认为,多重、重度障碍儿童的学习非常复杂困难,而学校的学习时间又非常有限而宝贵,因此个性化课程设计就是"裁减那些不重要的学习领域,聚焦学生发展特别重要的事情"。教师有责任为那些有着特别复杂需要的学生优先选择对他们有意义的学习内容。他详细地阐述了学习困难的复杂性与个性化课程设计的关系:学生学习困难的复杂性,决定了个性化的强度。应对个体的独特需要,学习困难越复杂,其个性化学习需要的强度也就越高,越需要运用专业化的教学方法、窄域的课程、具象的内容;

反之，对于复杂性低的学生，个性化学习需要的强度则低，需要更广域的、抽象的和更为经验化的课程。这种学习困难的复杂性与课程需要表现为一种连续动态的流向关系。这种连续性反映的是学生学习的复杂性，而非其能力。换句话说，学生的复杂性越高，越需要通过课程的调整，找到适宜他的个性化学习路径。个性化学习流向图为教师探寻和开发多重障碍学生个性化的课程和学习内容提供了非常简明的理论分析逻辑框架。

2. 个性化的学习与参与

个性化学习与学习过程中的有效参与或专注的水平密不可分。由于多重、重度障碍学生普遍缺乏学习的专注力，而"积极的参与是成功学习的前提，也是个性化学习的关键"，因此，个性化学习中，教育者必须充分重视学习中的参与（engagement 或 engagement for learning）问题。"参与"的实质是强调学习中的专注度。Carpenter 等把"参与"描述为联结学生主体与学习活动的动力介质，并解释为"它是将学生与环境（包括人、思想、材料和概念）相联结，进而促进有效学习并获得成果的旅程"。他们认为，对于多重障碍学生，可持续的学习只能依赖于有意义的参与，只有当孩子成为学习的有效参与者时，才能启动个性化的学习航程。那么，如何实现学生的有效参与呢？其关键在于教师要了解、识别且能评估学生学习参与的表现和特点。Carpenter 等在实证的基础上，把学习的参与划分为觉察、好奇、探索、发现、预期、坚持和启动等 7 个方面的要素，还开发了具体的学习参与图谱和评估工具（the engagement profile and scale）。聚焦这些要素并利用相关的评估工具，教师可以思考如何改变活动方式来激发多重障碍学生的好奇心，如何选择学习内容来鼓励学生保持学习的持续性，进而为他们创建个性化的学习路径。

"个性化的学习与参与"是两个相对独立又有关联的概念。个性化学习意味着必须充分地了解学生的差异与需要，才能设计相应课程并创设有意义的教育情境，也才能促进他们的学习参与；而参与意味着要寻找和开发适应个性化的学习路径、方法和策略。"个性化的学习与参与"的理论与实践研究，为教师引导多重障碍学生的学习参与、促进以学生为中心的教学反思、提高深度学习的参与水平提供了实用性的指南。

作为复杂性学习困难群体，多重障碍学生教育的复杂性、挑战性越来越受到人们重视。他们在学习上所表现出的极度"脆弱"性也会随着研究的深入不断得以克服。除了上述的新动向外，加强跨学科团队及与家长的教育合作也成为当代多重障碍教育的主题。相对于国际研究的新进展，我国的多重障碍教育研究还有很大的差距。目前，特殊教育对象不断扩大、残疾程度不断加重，这一趋势无论是给理论研究还是教育实践都带来了新的挑战。因此，如何借鉴国际经验，深化特殊教育学校课程与教学改革，开发基于本土化的多重障碍个性化学习与参与的路径，是亟待研究的新课题（盛永进等，2017）。

3. 选择适当的教学安排形式

重度障碍学生常见的教学安排有以下几种：

（1）一对一教学（one-to-one instruction）：指一位特殊教育教师对一名重度障碍学生进行教学工作。一对一教学的基本原理是使干扰最小化，从而能够控制刺激。此种方式较适用于重度或极重度的儿童，或者是注意力极差、容易分心，或问题行为会严重干扰他人学习时所采用的教学方式。其优点为可以单独地为学生进行个别化、隐密性、特殊化的教学；其缺点为在班级教学中，易使师生的教学紧张压力增加，同时也会减少老师与其他学生，以及障碍学生与其他同学互动学习的机会。学生缺乏对所学习技能的泛化能力。一对一教学所取得的效果并不与教师所花的时间呈正比，反而增加了学生不学习的时间（即没有一对一教学的时间）。因此，一对一的教学形式应用于以下教学任务中：①需要保护学生隐私的教学任务；②很难让其他学生也共同参与的教学任务；③由年长的学生来承担教师角色，教某个学生的教学；④每天的某一段时间，针对某项特定技能的短期强化训练。除以上情况，在正常班级教学的时候，最好尽量减少一对一的教学方式，而以其他非干涉性与最少限制性的学习方式来进行教学。

（2）轮流教学（sequential instruction）：也可称作顺序性教学或一轮一教学，是指教师按顺序以上述一对一的方式轮流教导每个学生。此种方式较适用于教学时间充裕以及每个学生均需要个别指导教学的时候进行，一般多用于作业或单元教学、相关职业技能或需要教师进行个别检查学习内容时采用。其优点为每个学生都有单独获得教师个别指导的机会，亦有机会可以和老师有较多的互动与了解，增加学生观察学习的机会；其缺点为所需教师教学的时间可能较多，如果时间受到限制，学生被分配教导的时间可能会缩短，而影响学习成效，并且教师对于班里有行为或注意力问题的学生可能要花费较多的时间，或较难顾及此类的学生，而产生老师教学与学生学习不均衡的情形。

（3）一前一后教学（tandem instruction）：一前一后教学或一加一教学，又叫作串联式教学，是指教师先开始以一对一的教学之后，再请第一个学生留下来参与第二个学生的教学，按此方式持续地串联教学直到加入的学生成为一小组（最多七至八名学生）为止。

此种方式通常适用于较具有行为或注意力问题的重度障碍学生，或学生的学习程度或障碍程度有显著差异时，教师可以从具有行为或注意力问题的学生或程度较差的同学开始进行，然后再顺序地扩及其他儿童。随着学生逐渐习惯学习小组人数慢慢增加，强化物越来越少，学生参与小组学习的能力也随之形成。串联式教学可以用于每天的部分时间，同一个学生在其他时间短暂地参与一些小组，可以降低一对一教学所带来的问题的策略。其优点为可以增加学生的学习时间，又可以针对部分学生的需要进行教学，并提供其他学生观摩、复习与互动的机会；其缺点为学生的顺序安排及时间的掌握较不易。

（4）同时教学（concurrent instruction）：同时教学又叫作班级团体教学，是指教师同时直接教导全班学生。此种教学方式较适用于学生同构型较高（即学生的学习能力接近、障碍程度相似等）或学生障碍程度较轻的团体。当小组中的学生存在多样性时，教师必须调整自己所呈现的内容，以保证所有的学生都能理解教师所教的内容，并允许学生做出各种反应水平和反应模式。同时教学的优点是可以节省教师教学时间，又可以提供障碍学生有较多的观摩与互动。其缺点是对于有个别特殊需求的学生较无法被顾及，以及教师的教学有可能受到具有行为或注意力问题学生的干扰与影响，而影响到其他学生的学习。采用这种教学形式时，教师得事前做好较多的班级教学准备（如行为管理、班级经营、教室管理、教材教法适当调整等）以使每个障碍学生都能参与学习。

（5）小组团队教学（combination group instruction）：小组团队教学或所谓组合小组教学是指将全班学生分成适合的几个小组，再进行轮流的教学，或教师可借由前述一加一的方式组成数个小组来进行教学活动。对于重度障碍学生而言，此种教学方式较适用于小组成员异质性较高的学生或同构型较高的学习。即教师可以通过学生异质性的状况来组成程度有差异的小组来进行合作学习或同学间相互学习；此外也可以组成同构型相似的小组进行认知或学业方面的教学。不过对于重度障碍学生而言，异质性的分组会更有学习的成效。其优点为具教学的弹性，教师可以根据小组的特殊需求进行不同的教学；此外教师教学的责任通过分组，可将部分教学的责任分配给学生来协助完成。其缺点为分组不易、分组不佳时不易发挥学习的成效。在规划小组教学时，教师必须思考以下问题：实施小组教学的目的是什么？是为了达到学科学习的目标，还是为了促进小组成员间的社会交往，或者是两者兼有。根据什么分组？学生的特点还是人数？教师要传授什么技能？教学需要哪些材料？教学环境是怎样的？此外，当小组中有重度障碍学生时，教育团队必须实施个别化教学，要使全体学生能够理解任务、执行任务，并学习到新技能。如果学科学习的内容是相同的，那么学习内容要对所有学生都是有益处的。

提高学生小组学习积极性的办法：①个别化教学。教师在教授同一内容时考虑每个学生的能力设计不同难度的目标，允许学生做出不同的反应。②保持轮流参与。每个学生都轮流获得机会，时间周期要短，使用可供学生触摸的材料。③强化学生的聆听、观察和等待，表扬一些同学时要照顾其他等待的学生。④对学生进行个别化的强化以及集体的强化。⑤在演示和触摸到教学材料时允许学生积极地参与。⑥让学生等待的时间尽量最小。⑦促进小组成员的合作，鼓励小组成员之间的竞争。

（6）合作学习(cooperative learning)：所谓合作学习是指教师按学生不同的学习程度与能力进行异质性的分组(小组成员较具有常态性的分配)，而教学时除了教师提供教学服务外，小组成员间也可以相互教学互相观摩。其与上述小组团队差异最大的地方为教师的直接介入教学的状况较少，而是通过小组成员以互助合作的方式透过问题解决、作业单练习及其他活动的方式来进行学习。其优点为学生可以分担教学的责任，增进学生的动机与行为，增加学生彼此间的教学相长与互动的机会；同时教师可以挪出较多的时间针对特殊的学生提供更多的协助与照顾。在这一过程中，学生学习与他人合作，而不是与别人竞争。这也是一种促进重度障碍学生有意义地融入普通教育班级的方法。其缺点为小组成员的掌握不易，教师得安排具有责任感或能力较佳的组员担任组长或带领的工作；此外学员彼此互动讨论的时间会增多，有可能因此减少直接学习的时间。

（7）同伴教学(peer tutoring)：同伴教学是以程度较佳的学生来协助需要教学支持的同学，以分担并协助教师进行教学活动。程度较好的学生或学长可以担任小老师或组长以提供教育协助给同组中或同班中其他需要额外学习的同学。这种方式与合作学习方式均较适合用于回归普通班或进行融合教育的障碍学生，或当学生能力之间彼此有较大差异存在时，所进行的教学安排。其优点也与前述合作学习方式相似，学生彼此可以教学相长增加互动，重度障碍学生与同伴共处时发生的互动，要比与辅助教师或其他特殊教育工作者在一起时多得多；同时可以节省教师的教学时间与精力。其缺点亦与前述合作学习方式相似，小组成员不容易掌握，教师对于分担教学的同学得另外加以训练或做适当的安排或挑选。同时也要避免不平等的人际关系，即避免单向的同伴间教学。

除同伴辅导外，还有一种同伴辅助支持计划，这种方式更多地直接与同伴间的社会互动和建立友谊有关，也可以侧重提高班级学生的课堂参与度。具体的步骤是：首先，选择需要辅助支持的学生及提供辅助支持的同伴；其次，培训提供辅助支持的学生；最后，监督辅助支持计划的质量，根据情况给予提供辅助支持的学生更多的培训。

4. 了解不同学习阶段对教学的影响

（1）习得阶段：这个阶段的技能还属于新技能，学习进度条是0～50%。个体在这个阶段会犯比较多的错误，这时所教的技能应该简单易学，也可以把技能分解为几个小的步骤。这一阶段要尽可能让学生的错误率低一些。学生在这一阶段可能需要一些线索或提示才能完成任务，教师要给予学习者频繁的、积极的反馈。

（2）维持阶段：这一阶段学生技能还不够完善，但达到一定程度的独立性。学习进度条是50%以上。在这一阶段期望学习者能够经常性地使用某技能，通过经常使用促进技能的完善。这一阶段教师应减少可能打扰学生完成技能的要求，减少打扰学生完成技能的提示，注意力转移到自然的线索和提示。可减少强化物，重心转移到自然的强化物上。

（3）熟练阶段：这一阶段需要学生加快速度，并且技能完善到与学生年龄相符的水平。学习进度条是50%以上。通过增进改进性技能，使技能更具功能性。通过增进沟通交流、做选择或社会行为，充实技能的内涵。和维持阶段一样，这一阶段教师应减少可能打扰学生完成技能的要求，减少打扰学生完成技能的提示，注意力转移到自然的线索和提示。可减少强化物，重心转移到自然的强化物上。

（4）泛化阶段：这一阶段的任务是让学生将所获得的技能尽可能运用在任何可能的时间和环境，促进学生在不同情境下运用所学技能。例如，学生学会在家里使用卫生间以后，能够在学校或其他公共场所使用卫生间。因此，在这一阶段教师和家长需要带领儿童进入一些能够泛化技能的新环境，让学生尝试运用技能，达到泛化的效果。

5. 通过记录学生的表现，监控学生的学习情况

教学方面的调整和变化都应基于学生的数据资料，教师需要记录学生的学习和其他方面的表现，监控学生的学习，根据学生的表现决定教学进一步的调整。

教师或家长在教每个教育目标之前，都应评估学生的基线水平。干预之后再与原有水平做比较。搜集学生课堂表现来判断学生是否取得进步，判断学生的水平是否进入新的学习阶段。个别重度障碍学生的学习进步可能是比较微小的，但也并不意味着他们没有学习成功的可能，要细致观察学生的每一点进步。

三、重度障碍学生课程模式和内容

（一）教学课程发展模式

所谓课程是指学校有系统提供有关的教学经验与教学活动的总称。其内涵包括各科教学内容，如教师希望学生学习或获得的知识、技能、习惯、态度、兴趣、理想等，与教师用以帮助学生学习的教学材料等，以及课堂内外之相关教学活动等，其中包含正式（formal）与非正式（informal）的学习活动，以及外显（explicit）与潜在（implicit）

的课程等。重度障碍学生的课程教学取向可以分为：

1. 发展性课程取向

即将教学重心放在发展性功能之上，在选择教学目标时，多须借助可以评估儿童发展程度的测验工具；而学生所需学习的就是那些较其已达成的发展序阶略高的项目。

2. 功能性课程取向

即根据学生本身及在适应环境时技能上的特殊需求，来选定其学习目标，而不是拿学生与预设的课程目标序列做比对，而是根据每一个学生在适应环境上独特需求来设计课程，因此课程的内容是非常个别化的。

目前，重度障碍者的课程模式与教学内容的选定可以参考以下几种模式来加以进行：

（1）发展模式：发展模式强调以一般儿童在正常发展阶段所应具备的能力来作为教学的重点，由于该模式以儿童正常发展作为教学行为的基础，具有顺序性、阶段性与发展性，其各阶段发展的行为能力适合作为学生的学习目标，因此可以在教学中提供教师适当的参考坐标与标准，因此在重度障碍课程发展中较多为教师使用。其课程的内容按照发展的领域及发展的顺序包括语言、动作、认知、社会、生活自理等技能。在教学过程中，教师一般先以正常儿童的发展量表评估重度障碍学生，而儿童未通过的项目即可作为该学生的教学目标，来进行进一步的教学。这种课程取向最大的好处是设定课程的目标比较容易，相应的缺点是教师或家长所选择的目标可能并非学生生活环境中所切合实际的。也就是说，这种取向较少关注学生在适应环境上的技能需求，因此课程的安排会形成缺乏个别化的现象。此外，由于重度障碍学生某些生理上的问题，也可能使其所选定的某些教学目标一直无法达成，而使教学产生困扰。因此在运用这种模式时教师选择教学目标必须保持一定的灵活性，要结合学生的能力和需求决定目标，而不是只要学生评估结果显示不足就列为教育目标。

(2)补救教学模式：补救教学模式有时叫作传统教学模式，强调重度障碍学生的课程应以补救教学技能为主要出发点，其教学的内容着重在教导基本的学业技能，而教学的目的则为强化学生的学业技能。一般的特殊教学都是强调儿童的障碍与所造成的学习困难，因此早期均以此种模式来强化学生的认知技能。但由于这一模式在功能性、生态性与实用性上存在不足，因此也较不适合用于重度障碍学生或多重障碍学生的教学。这一模式比较适合学习障碍、情绪障碍或轻度智能障碍学生的课程教学。这样表述并不是意味着教师应完全放弃重度障碍学生的学科课程学习，而是说在发展学生的学业能力时需要同时考虑学习内容的功能性、生态性和实用性，能够使学业内容更加适用于学生的日常需求。

(3)行为模式：行为模式强调使用行为改变技术或行为管理方法来消除、减少或降低学生的问题行为发生，培养学生的良好行为。其教学过程着重应用行为分析与工作分析，教师通过行为改变技术抑制学生不良的行为，教导训练培养学生良好的行为。教师在教学时会先进行行为诊断评估、行为观察记录等方式，分析造成学生问题行为的原因、行为能力状况，以及与问题行为发生有关的要素，再通过应答性条件反射原理、操作性条件反射原理、认知行为改变原理或社会学习原理的观察模仿，加上强化物与增强时距的运用来进行教学。由于行为模式可以改善一般教学行为干预治标不治本的缺点，并强化学生行为的学习，对于有问题行为的重度障碍学生而言，具有很大的教育效果。

(4)功能模式：功能模式强调根据重度障碍儿童本身在适应环境时，其技能上的特殊需求，以及所需功能性的实际技能，以解决实际独立生活中所需面对的问题。功能模式的优点是强调培养学生独立生活的功能，但其缺点在于这种课程编制需要教育或复健人员具有高度的教学能力、动机和创意，对于普通教师来说具有难度。可以从事功能模式教学的专业人员往往需要长时间的训练并且常常供不应求，再加上功能性模式的教育活动，多在校外或社区实施，学校行政安排如果不能有效配合，容易造成课程实施上的困难。

（5）生态模式：生态模式与功能模式相同，生态模式强调在学生所属的家庭、学校及社区等情境中的行为表现的状况，以及所需具备的对应知识与能力。此模式一般是通过生态评估来了解学生在不同的环境生态中，所应该表现出的对应技能及其与学生真实能力的落差，来作为学生教学依据的参考。教师依据学生在环境中的真实需求，分析学生目前需要学习的技能，并在自然环境中评估学生目前的表现能力，考虑学生未来所处的环境及所需学习的技能。

根据叶琼华（2000）的看法，生态模式有以下两种：①社区参照的模式，即课程主要以正常化的观点，协助学生学习在社区生活中所需的技能。教学过程中教师首先确定课程的领域；再进而确定该领域的目前及未来的自然环境；然后再将有关的环境分成数个次要环境；接着再找出这些次要环境所包含的活动；其后再分析出这些活动所包含的技能；最后再设计并教导这些技能。②个别化重要技能模式，该模式由Hollowash(1989)提出，此模式除了具备有上述社区参照模式的观点外，更强调课程有时应该做适当的调整，或对于学生所处生态环境与教学活动进行适当的弹性改变，以使所有的重度与多重障碍学生均能有机会参与学习活动。

具体方式如下：①教学过程中教师先访谈与学生有关的重要人员，以便找出学生目前或未来环境中应学习的重要活动；②决定能使学生独立并参与自然环境的重要活动；③评估学生在该活动中目前的表现能力，并确定学生在该活动中的基本技能需求；④发展参与重要活动的替代性/辅助性策略，以协助学生更顺利地参与该活动；⑤发展教学活动的统合目标，包括动作、沟通、认知、社交、活动品质等基本技能；⑥发展教学课程及系统评估方式；⑦编排及实施课程；⑧进一步评估及修正教学课程替代/辅助性策略；⑨评估学生整体性学习的结果（Hollowach，李淑贞译，1998）。

总的来看，重度障碍学生课程设计的理念在于强调将多重、重度障碍学生融入生活的主流，教导他们功能性、实用的、与生理年龄相符的技能使其成功地在主流环境中生活。此外，重视提升重度障碍学生的自我决策能力，使其更能掌握自己的生活，尽可能自我做决定。尽可能创造机会帮助学生参与普通教育课程。

(二)课程教学的内容

(1)传统的课程领域内容：就传统上的观点而言，重度障碍学生的课程教学重点是以学科本位或功能性课程领域为导向的。课程内容包括知觉动作技能、认知技能、沟通技能、社会技能、活动表现技能等。Fredericks(1989)认为重度、多重障碍学生的课程重点应该包括：①生活自理技能，包括训练穿衣、脱衣、浴厕的使用，饮食及个人卫生等方面。②大、小肌肉的运动技能，包括克服或补救其运动缺陷的计划，如知觉动作的活动、操作、运动和姿态等。③沟通技能，包括语言的理解和表达，以及不会说话学生的手语。④社会技能，包括帮助学生与社会中的同伴及成人互相交往，减低重度、多重障碍学生之退缩或突发性的身体攻击行为。⑤职业技能，训练操作技能及在庇护工场里的固定性工作。⑥学科能力，识字、写自己的名字、住址和对数量的思考等技能的获得。⑦认知技能，包括音乐、美术、一般常识和对环境的认识等。不过，由于这些课程内容缺乏教导有关两性教育、婚姻关系、生死教育、辅助科技的运用、自我决策，以及转衔服务课程等，因此目前已有愈来愈多的学者，认为重度、多重障碍学生的教学课程应以提高障碍学生未来"生活品质"(quality of life)为教学内容。

(2)生活品质领域的课程趋向：根据Polloway、Smith、Patton与Smith(1996)以及Westling与Fox(2000)的观点，生活品质已成为所有身心障碍学生教学的重点与主要课题。依据Halpern的看法，生活品质有3个领域及15个副层级。3个大领域分别为生理的和物质的福利（physical and material well-being）、成人角色的行为（performance of adult roles）、个人的实现（personal fulfillment）。而在生理的和物质的福利项目下，有4个副层级；在成人角色的行为项目下，有8个副层级；在个人的实现项目下，也有3个副层级。不过根据Halpern之说法，这些项目和层面尚不足以完全涵盖生活品质的概念。

总的来说，身心障碍者生活品质或可归纳为如下4个大领域：①成人角色或独立自主的领域，包括个人的选择与控制、社会责任、政治的参与、生涯发展与教育安置、经济与居住独立面、休闲与娱乐等方面。②家庭和社区的领域，包括家庭的归属与整合、社区的认同与接受、社会关系与社交圈等方面。③心理或情绪方面的领域，包括自尊与受尊重、爱与隶属、对生活的满意程度、自我期许与要求、自我实现等方面。④生理与物质的领域，包括生理与心理的健康、经济与物质生活、就业整合与安定、物质方面的支持与补助等方面。并且有如下的3个生态层面：①社区与社会生活层面；②学校与家庭生活层面；③个人精神与物质层面，各层面交互发展，相互支持。

结合传统课程领域和生活品质取向的课程领域来看，对重度和多重障碍学生的课程内容上需要考虑以下的指导原则：教学内容具有社会有效性和实践性、通过生态学评估反映学生的优先技能、在学习过程中要求学生积极主动地参与、通过课程培养学生的自主性和自我决策能力、课程内容体现个别化理念。基于这些原则，课程目标应该包括加强与生态学评估相关的优先技能同时拓展与同学的关系并培养在学校和社区的归属感。

四、针对重度障碍学生存在的感官和肢体障碍进行的教学调整

重度和多重障碍的学生的情况比较复杂，针对其具体的感官和肢体障碍情况，教师或相关人员可以考虑对教学进行相应的调整，

以适合学生的学习需求。

(一)针对视觉障碍所做的调整

首先强调调整是个别化的,调整将协助学生更有效地利用残余视力,或了解全盲的学生在安全的环境中移动的需求,使学生更容易获得教学材料和教具,并有充足的空间放置所需的触觉教具材料。

需要考虑的安排包括容易到达并靠近教师的座位、颜色和光线的需求(颜色的对比、明亮程度、空间明亮程度)、视觉设备、教材及视觉提示的要求(使用图片、清楚的字体、运用对比色、适当的字间距)、较大且不杂乱的空间环境、视觉或触觉上方便拿取的教具。

另外,还需结合学生视觉损伤的类型来决定具体的调整方式。如学生属于脑皮质视觉损伤而非眼睛的结构出现问题时,学生会存在视觉震颤、忽视视觉提示、优先选择触觉来探索物品、周边视力比中央视力好、视觉混乱的情况,那么需要根据其损伤情况来进行相应调整。如利用贴纸帮助学生确认物品的上下、前后面;学生对明亮的颜色有反应,可以利用明亮的颜色吸引其注意力。当学生需要进行选择物品时,要把两样物品的位置分开摆放,保持一定的距离。

(二)针对听觉障碍所做的调整

为了帮助存在听觉障碍的重度障碍学生,教师需要改变教学策略,来激发学生的听觉和倾听的技能。教师需要鼓励周围的学生与听觉障碍的学生进行沟通和交流。和听觉障碍的学生说话时需要靠近他们,保持清楚的口型。尽量使环境保持比较安静(噪声比较小),有利于有残余听力的学生利用残余听力进行学习。要安排听障学生坐在教师的附近,有助于增加教师的音量并减少环境的干扰。口语沟通时可以用视觉提示或动作提示作为辅助,有助于学生理解并听从指示。夸张的声调和音高可以帮助学生了解到有人在发问、找到声源的方向,可以利用这些引起学生对重要信息的注意,并帮助学生适当回应。如果学生配戴助听器,那么教师需要熟悉这些设备的使用方法，能帮助学生进行音量调试。教师需要了解学生在无助听器的情况下多大的音量是学生可以听到的，或多大的音量是学生无法听到的。

（三）触觉的调整

对于需要触觉信息来代替视觉和听觉信息的学生，要提供丰富的触觉经验，教师和家长可以尽量提供学习的物体的实际材料以及和学习主题相关的材料，使学生丰富所学习内容的感知认识。教师还可以制作教具模型来呈现概念和活动，但效果比不上真实的物品，缩小的模型通常只能提供视觉的信息，无法提供触觉的信息，还可能引起学生混淆对真实物品的理解。

（四）针对肢体障碍所做的调整

当学生的移动和操作物品能力受到限制时，教师需要寻找替代的方式帮助学生参与学习活动。可以从身体的摆位（身体姿势的状态）、利用辅助科技和加强表达性沟通能力3个方面入手。

1. 身体摆位方面

教师需要确保学生是感觉舒服的，其摆位能支持学生的能力从事有意义的活动。没有肢体障碍的学生每天是不断变换自己的身体位置的，对于有肢体障碍的学生则需要教师和家长关注学生的姿势状态是否舒适，是否需要调整。学生的能力、需求、身体限制、活动要求不同，要依据他们的情况让学生完成坐、站立、跪、平躺、侧躺、趴等不同的身体姿势。还要依据周围学生当前的姿势状态来调整肢体障碍学生的摆位，如其他学生坐在地板上做游戏，那么坐轮椅的学生也可以调整为在地板上的适当姿势和大家一起参与团体的活动。对于长期坐轮椅的学生，要确保学生一天当中身体有不同的摆位，避免连续很多堂课学生都是坐着不动的。可以结合课程的要求，让学生以侧躺、站立架上站立等不同的姿势参与课程的活动。

2. 辅助科技方面

教师和家长需要了解有哪些辅助科技可以帮助学生更好地参与

学习。有些辅助科技并不像人们想象的那样高端和难以获得，日常生活中的很多应对学生需求的调整都可以属于这一范围。如放大镜、方便抓握的笔、更容易握住的牙刷、尼龙粘扣代替纽扣、防滑垫、标签、头戴式耳机、有大号数字的计算器等。同时，也有一些为了方便肢体障碍者专门设计的产品，如特制勺子、图片沟通系统、矫正夹板、靠枕、可由不同身体部分操作的开关、声控开关等。目前的智能家居系统也可以通过语音完成房间内的各种操作，如开关窗帘、打开电视机和音响、开关空调、调节室内灯光等。这些设计对障碍者的日常生活带来很多便利。另外，电脑对于障碍学生的学习也有很多促进作用，如视障学生可以通过声音操作电脑，电脑可以完成教材的识别和朗读，学生还可以通过电脑进行写作。当前也有一些适合自闭症学生和注意力缺陷过动症的学生的电脑软件，通过游戏化的方式帮助学生完成认知和注意力等方面的训练。

3. 表达性沟通能力

重视学生的表达性沟通能力的培养，使其能够在教学活动中更积极的参与，如做出选择、拒绝或要求、表达意见。其他学生完成任务后，也可以请重度障碍学生进行评价。要促进这种能力的提升需要教师和其他学生提供给重度障碍学生主动参与活动的机会。重度障碍学生在旁边进行观察的时候，需要创造机会让他们进行选择或发表意见，其他学生再进行积极的回应。如某个同学在画画，可以让重度障碍学生提供使用色彩方面的建议或选择，也可以评价画作的水平，表达自己是否喜爱这幅画。

五、重度障碍学生技能习得的策略

对于重度障碍学生来说，很多普通儿童能够通过观察学习而自然获得的技能都需要教师和家长通过专门的教学来促进学生掌握。帮助重度障碍学生技能获得也是提高其适应能力的重要途经。技能中包括多方面的内容，如重度障碍学生的生活自理技能的习得、沟通技能的习得、学业技能的习得和家庭和社区技能的习得。

(一)生活自理技能

对于重度障碍学生,学会独立完成生活自理或尽量少地依赖他人完成基本的生活自理始终是个体需要优先学习的内容。生活自理技能和学生的基本生存联系紧密,对个体的身体健康和积极的自我形象有长期的影响,因而对于重度障碍儿童尤为重要,即很多儿童在自理方面还需要他人的支持。障碍学生如果能够在这方面取得进步,他们也会获得自我控制感和成就感。如果学生的自理能力达到熟练阶段,使他们变得更加独立,能够满足他们自身的个体需要。

一些重度障碍儿童可能自身的智力障碍或身体障碍导致生活自理技能的发展是缓慢的、有限的或无限期延后的,但也有可能是教师和家长对他们的期望值偏低造成对他们缺乏足够的技能学习指导,或自理方面包办代替过多,导致其缺乏经验从而自理能力低下。自理技能需要从学生年龄小的时候就开始教授,年龄越大教授就会越困难。但对于具体的学生而言,在任何阶段发现学生在自理能力方面有学习的可能性和需求教师与家长都需要积极地帮助他们学习。同时,不同阶段学生的需求也有所不同。

在教授生活自理技能时的基本步骤:

1. 确定教学目标

学生的教育团队需要根据学生当前的个别化教育计划内容,结合基于日常环境的评估确定哪些生活自理活动和生活自理技能对学生来说是最重要、最需要掌握的。然后确定这些技能的最佳教学环境在哪里,需要按照怎样的进度进行教学。生态评估是比较适当的评估方式。通过评估确定学生的当前水平和需要发展技能优先顺序(按照必要性、重要性排列顺序),然后选择目标技能。教育团队需要对教什么、如何教、如何提高教学质量等问题达成一致。教师和家庭成员在这一过程中都需要积极参与其中。必要时也需要专业人士,如物理治疗师、职能治疗师、言语治疗师、医生和护士来发挥专业人士在具体问题上的评估和干预的作用。

确定的目标技能应该是具有功能性的，教育团队需要确定这些目标技能是学生在当前及未来需要具备的，并能够在多种活动中使用，技能的掌握将提升学生的独立性，掌握技能后有助于学生被同伴接纳，符合学生的医疗需求或学生学习的态度是积极的。总的来说，学生通过学习能够获得益处的技能会被作为优先发展的技能，并写入学生的个别化教育计划当中。

确定的目标技能需要适合当前教学环境，从而有足够多的机会进行教学。教师和家长需要想办法让目标技能的教学融到学生的日常活动中，充分利用自然的教学机会教授学生获得这些技能。

确定的目标技能还需要符合学生的生理年龄和文化背景，即教授相同环境下同龄人也能够完成的技能。完成技能的方式、使用的材料和环境都受到学生年龄的影响。某项技能是否能作为学生优先发展的技能也取决于学生的生理年龄。同一目标技能在不同年龄阶段的做法可能不同，有些能力需要随着年龄进阶发展，如穿衣的技能随着儿童年龄的增长可能递进为学生能够根据天气和场合选择适合的服装或根据喜好和审美进行搭配。

确定目标技能还需要考虑学生花费的时间，学生是否能在一年内学会目标技能。在制订个别化教育计划的目标时，应根据学生目前水平调整教学目标的标准，使学生能够在某一学年或学期的个别化教育计划的时间内完成目标技能的学习。有些目标可以设定为学生部分参与到某项技能中，即完成某项任务时部分步骤学生可以完成，部分步骤学生在他人的支持帮助下完成，这样比较符合学生的能力情况，如帮助学生挤牙膏后学生自己刷牙。

2. 确定教学方法

针对学生的各项自理技能，可以考虑多种行之有效的教学方法，如嵌入式教学、塑造法、链锁法、模仿法（提供示范）、各种形式的提示等。利用自然机会的嵌入式教学是在自然环境下把教学内容嵌入常规活动中,教师对学生的正确行为给予强化,鼓励学生对自己的表现进行监控。塑造法是对学生连续出现的、接近期望行为的表现给予强化。链锁法是把目标技能分解为若干小的步骤,然后把具体的步骤教授给学生,再对学生的表现给予强化。模仿法是安排学生观察其他人的做法(现场表现或视频),然后为学生提供直接的教学,并对学生的表现给予强化。也可以让学生一边看视频一边进行相应的任务,根据学生的进展逐渐减少视频的示范。提示的做法可以有多种形式,可以提示学生进行观察或注意任务要求,也可以在进行技能任务练习的过程中提供递进的提示或逐渐递减的提示。提示可以通过口头的、身体的、图片的等多种形式呈现。

3. 突出生活自理方面的重要技能培养

(1)如厕:学习上厕所是最有难度的生活自理技能之一,其中涉及个体的膀胱功能是否正常,是否能够意识到内部产生的排便刺激,是否掌握一系列的相关技能(准确找到坐便器的位置、坐好或蹲好、脱下裤子、提上裤子、冲水等)。普通儿童通常在上幼儿园之前基本能够掌握上厕所的技能,特殊儿童掌握这一技能的时间相对较晚,部分儿童在小学阶段还需要教师或家长辅助完成。特别是智力障碍的儿童学习能力不足,又存在神经发育迟缓,他们很难获得控制大小便的能力。上厕所的训练应该尽可能在学龄前进行或在家里学习上厕所的技能,这样训练的时间安排会比较灵活,同时儿童自己不会感到不好意思。

在训练学生之前需要观察记录儿童日常的排便情况,找到儿童排便的规律。确定儿童出现大小便失禁的发生次数,以及在哪些时间段儿童是没有出现失禁的情况的。教师或家长可以确定一个检查其裤子是否湿了的间隔时间,并每隔一段时间提醒儿童去上厕所。注意检查儿童裤子是否湿了要保护儿童的隐私,发现裤子湿了后教师或家长的语气应当是自然的,不能带有责备和贬低的态度。

根据观察记录的结果，教师要对学生学习上厕所的技能进行任务分析，明确具体的训练步骤。如果是在他人支持下完成上厕所排便的行为，需要想办法提高支持人的技能以减少支持的人数，使支持在学校或家庭中更加方便。任务分析要结合学生的能力和具体的环境进行。在上厕所这项技能上有3种水平的目标：有规律地排便、自发地上厕所和独立上厕所。需要明确儿童当前的水平，并在这一水平基础上发展更高一个阶段的能力。如儿童大小便是有规律的，但他不会自发地去厕所，那么需要帮助儿童在排便内部刺激的感觉与上厕所之间建立联系，当教师或家长观察到儿童的外在表情和动作上有排便的迹象时（突然安静、蹲在地上、脸色变红）要提醒儿童或带儿童去厕所，并对在厕所完成排便的行为给予正强化。如果学生出现需要上厕所的表现或出现主动去厕所的行为，教师和家长都要对这些行为积极的反馈。独立上厕所的技能包括儿童能够意识到上厕所的需求、主动去厕所，并能够完成上厕所的全过程的相关步骤，如正确的站好、坐好或蹲好，脱下裤子或提起裙子，排便后用纸巾擦拭干净，提起裤子或裙子，整理好衣服，冲水，洗手。在独立上厕所的技能训练过程中，要在具体情境中让儿童了解到上厕所的步骤，结合儿童的能力进行适当的支持和提示，并慢慢减少支持和提示使儿童更独立地完成这项任务。

（2）饮食：饮食技能是生活自理技能中最具有功能性、使用最频繁的技能。饮食技能是个体独立生存的基础，同时用餐也是儿童进行社会交往重要场景，提升饮食技能对于儿童的社交技能发展也有益处。

儿童独立饮食的基础是其需要有咽反射（防止吞咽异物的生理反应），具备吸吮、保持嘴唇紧闭、咬、咀嚼和吞咽的能力。具备独立饮食条件的情况下，教师可以评估学生的用餐技能发展水平：了解学生的食物偏好、饮食的限制、用餐的方式、喝水的方式、能使用

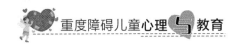

何种餐具、餐桌礼仪掌握的情况等。然后根据学生当前水平和家长的期望制订教学目标，如希望学生学会排队打饭、用勺子吃饭、饭后用餐巾纸擦嘴、在食堂或餐厅能够点餐。随着儿童能力的提升，可以要求学生使用更有难度的餐具。

（3）梳洗打扮：学生独立或部分参与梳洗打扮技能除了有利于学生的独立生活能力外，还有助于发展学生的选择能力、自我决策能力、审美能力，同时有机会让学生与他人交流个人喜好，增进人际互动。随着儿童年龄的增长，尤其是青春期的青少年会更加重视个人的外表和穿着打扮，这一点对于障碍儿童也不例外。

在教授梳洗打扮的技能时最好在自然的情境、自然的时间进行，如每天早上起床后在家里由父母进行一些训练，或在学校上体育课需要穿脱衣物时也是一个训练的好时机。如果是冬季可能学生到校后会摘下帽子和手套，也可以进行相关的训练。这时，班级的其他同伴也可以为障碍的学生做出示范，使障碍的学生获得观察学习的机会。如果自然的时间中教授这些技能的机会不充分，无法达成目标，那么也需要单独进行专门的密集式的教学使学生更充分地学习有关的技能。

训练前需要通过观察和访谈了解学生当前的能力和家长的期望，然后为学生制订具体的教学目标，如学生A需要学会洗脸、在家长帮助下洗头发和洗澡、学生能通过沟通板表达想穿的衣服的颜色等。教师可以和家长进行分工合作，完成在家庭和学校内的技能训练。训练前可以准备好训练所需的相关物品，如学生喜欢的牙刷、牙膏和杯子。然后对具体的技能进行任务分析，分解为具体的步骤，通过示范（现场演示或视频示范）和讲解让学生了解如何进行，指导学生观察学习，指导学生完成其能完成的步骤，支持其不能独立完成的步骤，并随学生能力的提升逐渐减少支持和提示，使学生独立完成某一技能的全过程。

视频示范是一种比较有效的干预方法，利用观察学习的原理，在各种技能的教学方面都可以使用，包括日常生活技能、沟通技能和学业技能。教师和家长可以根据教学目标拍摄示范的视频，引导学生学习。

4. 评估学习效果

不管教学生哪些日常自理的技能，都需要制订教学计划的时候就明确评估学生学习效果的标准和评估时间。教师需要通过评估效果反思教学目标和教学方法是否存在问题，从而进行下一阶段的调整。

（二）沟通技能

沟通是人与人之间进行有意义的交流，是一个人传递信息，另一个人理解信息的过程。沟通技能是个体必备的生活技能，因为我们在各种环境、不同的时间和地点都有可能需要与他人进行沟通。障碍儿童很有可能因为沟通技能发展不足而影响其日常生活和学习。通过沟通，障碍儿童可以请求获得支持和帮助，也可以拒绝支持和帮助，可以表达个人的喜好和愿望，满足自身的需求。沟通技能的提升有助于个体获得更高质量的生活。和普通人一样，重度障碍学生也是在沟通中建立人际关系的，通过沟通获得和他人的友谊和亲密的关系，减少孤独感。此外，重度障碍学生通过沟通可以表达、舒缓和宣泄个人的不良情绪，有益于其心理健康。语言的发展和沟通技能的提升更加有利于重度障碍学生的学习，教师的教学过程就是师生的沟通过程，教师会运用多种沟通方式帮助学生学习，如眼神、表情、手势、语气、肢体、图片、实物等。学生的学习过程中也需要提问，表现出学习的效果，这也需要学生的沟通能力作为前提条件。沟通技能较好的学生在进行各方面评估时也更能表现出其自身的能力，而沟通能力不足的学生则可能因此被低估其能力。沟

通技能对于个体的高质量生活有重要的影响，其中学生自我决策能力的体现也是通过沟通能力展示出来的，如果缺乏沟通技能，则大大降低了学生表达和分享个人需求的可能性，影响其生活质量。

1. 沟通的主要特点

沟通的主要特点有以下几个方面：

（1）个体具备沟通的方法：沟通的方法是多样的，最常见的是说话，此外还可以通过文字、短信、画画、面部表情、肢体动作、手势进行沟通。可以根据情境和沟通者的需求决定具体的沟通方式。当个体的障碍影响了沟通时，需要进行替代性的沟通。如听障人士可以用手语或书写文字替代口语。视障人士可以用盲文点字代替文字书写。

沟通方式可以有多种分类，可分为符号性沟通方式和非符号性（前语言的）沟通方式，辅助性沟通和独立性沟通。符号性沟通方式是指不依赖于前后情境、用具体明确指称对象的符号，来表达对人、事件、情感的看法，表达的内容不限于当前发生的，也可能是过去和未来发生的。非符号性沟通方式是没有明确的、清楚的指称对象，但是可以用其他不同的方式来解读。手势、语调、音调变化，面部表情、肢体动作以及活动中的实物都属于非符号性沟通方式。如某人把作业推开表示拒绝属于非符号性沟通，某人摇手表示拒绝属于符号性沟通。辅助式沟通指需要使用其他的符号、设备或工具的沟通，独立性沟通是不借助其他物体或设备就能达到沟通目的的沟通。

（2）有发生沟通的原因：日常生活中由于场合、需求、愿望、对象等方面的差异，我们与他人沟通的目的和功能是不同的。产生沟通的重要原因是我们需要控制自己的生活，满足自己的需要，还可能是未来和他人建立友谊，分享生活。常见的沟通原因有拒绝人事物、要求人事物、分享人事物、问候他人、获得关注、遵守社交礼仪和规则等。教师和家长需要分析重度障碍学生的沟通原因，帮助学生发起沟通，当学生获得他人的反馈后沟通行为才能获得强化。

(3) 有需要沟通的内容：重度障碍学生生活经历可能比较有限，再加上认知和语言能力比较低可能导致缺乏有效的沟通技巧，会使得他们与周围人的沟通变得困难。重度障碍学生的教师、同学和家人可以有意识地和他们谈论日常生活中发生的事件，帮助他们回顾日常生活中感兴趣和有意义的事件。

(4) 有沟通的对象：重度障碍学生在日常生活中也有大量可以沟通的对象，包括教师、家长、同学、教育或康复方面的专业人士等。为促进有效的互动，重度障碍的学生需要周围的人提供辅助和支持。在沟通中个体可能作为接受方或表达方，并且某些重度障碍儿童可能在接受和表达方面存在能力差异，因此需要针对性的提供支持，并采取不同的沟通方式。

2. 沟通能力的评估

重度障碍学生沟通能力评估最主要的方式是生态评估。教师和家长需要通过评估准确了解重度障碍学生在沟通领域中的优势和不足，其在不同沟通情境中的具体沟通的方式和方法是什么，其表达性沟通能力和接受性沟通能力的发展水平如何。首先，评估学生的沟通能力要从密切接触学生、最了解学生的人那里获取信息。通过与教师和家长的访谈，了解学生沟通的优势和需求，了解学生是如何和密切接触的人进行互动的、如何表达愿望和感受的，了解周围的人是如何回应和反馈的。其次，沟通的评估与环境紧密联系，包括物理环境和社会环境。如果在非真实的情境下进行评估，可能无法让学生表现出沟通水平，因为某些沟通行为是在某些时间和情境并针对具体的人才会发生。同时，不同年龄的个体在进行沟通时方式也不同，需要考虑到年龄特征带来的差异。在生态评估中，沟通技能观察的重点包括学生沟通的具体方式、沟通的原因、沟通的对象、沟通的话题。另外，评估者需要了解学生是否主动发起沟通，沟通是否顺利（沟通双方表达的是否互相能够理解），沟通的时间方面数据（时长、次数等）。同时，评估人员还需记录沟通中学生得到怎样的辅助支持，或需要怎样的辅助支持，这样有利于后续制订合适的策略。也可以拍摄学生在日常生活中的沟通表现，发现其独特的沟通方式和特征。

表 5-1 沟通技能的生态评估表（样例）

学生姓名：小明　　　　年级：五年级　　　　障碍情况：重度智力障碍
课程：生活语文

活动	自然线索	需具备的沟通技能	学生表现	差异分析（学生没有参与的原因）	干预建议
听课、记笔记、回答问题	教师上课，学生需要相关提示	理解教师上课的内容	不足	教学内容不具体	配合容易理解的图片帮助解释学生不理解时通过向教师摆手的动作表示出来
完成课堂习题	教师给出指令	理解任务要求、通过口头或书写方式完成习题	通过		

3. 沟通技能干预

干预应该在需要使用某种沟通技能的自然情境中进行，贯穿于学生的日常生活中。需要结合学生的具体情况和评估的结果来决定教授哪些技能，具体包括沟通的目的、沟通的方式、沟通的内容。每个学生的干预都是个别化的。

指导学生从无意识的沟通向有意识的沟通转变，要求学生学会更高级的符号沟通方式，学习何时以及如何使用这种沟通方式。有意识的沟通是学生做出具体的行为（语言、动作、表情等），通过影响他人来满足自己的需求。重度障碍的儿童可能会因为自身在感官和智力方面的问题影响他们沟通技能的习得，或者出现一些特殊的沟通行为，如通过拍打他人的肩膀来引起别人的注意、用摇晃身体来表示感到无聊、用尖叫来表示身体不舒服。教师和家长需要让学生了解某些更适当的沟通的做法可以带来学生想要的回应，从而让学生学会有意识的沟通方式。当学生出现适当的沟通做法后，给学生立即的积极回应，从而强化这一做法持续出现。

教师需要了解 AAC 辅助沟通的应用方法，教导需要使用的学生能够掌握使用的方法。AAC（augmentative and alternative communication）即扩大性/辅助性沟通，指任何能够帮助个体提高沟通能力和效率的设备、系统或方式。AAC 能帮助有需要的人来沟通自己的需求，表达自己的情绪，表达意见，并且提高语言和阅读能力。辅助性沟通即个体得到现有沟通能力以外的支持，或因为各种原因无法沟通而进行替代沟通。AAC 也是能够支持障碍儿童语言发展的工具。AAC 的常见分类根据其科技含量分为无科技 AAC、低科技 AAC、中科技 AAC 及高科技 AAC。无科技 AAC 包括任何非言语交流来分享信息的方式，包括手势、眼神交流、面部表情或肢体语言。低科技 AAC 包括打印出来的沟通书本和沟通板，通常包含符号来代表人物、地点和事物。低科技的沟通板需要依照个人的需求和活动内容来设计。中科技 AAC 是指非常简单的科技，一般是由一些按钮加上简单的录音组成的。有些儿童早教机器有这样的功能。中科技 AAC 可以是纸质沟通板和高科技 AAC 设备之间的过渡，但是使用高科技设备之前，并不一定都要先用中科技的设备。高科技 AAC 是具有语音输出功能的设备（SGD）。一些高科技沟通系统与手机、平板电脑类似，而另一些则使用专门为支持沟通而设计的设备。高科技沟通设备有语音发声功能，内置符号和沟通板。儿童点击图片符号时，设备会发出声音，给儿童不断地提供言语示范，让其知道这个词应该是怎么发声的。同时内置照相机，儿童也可以拍照来和他人沟通。同时有键盘可以打字，可以把文字转换成语音，帮助发展孩子的阅读能力。总的来说，使用 AAC 可以提高沟通的能力和效率，鼓励障碍者使用并发展自然语言，帮助障碍者提高语言和阅读能力的发展，并提高障碍者与他人的人际关系以及社交能力。

学生需要学习的沟通功能不仅是表达请求和拒绝，还需要学会获得他人的关注、发起互动、建立友谊和亲密关系、获取信息、分享信息、评价和掌握基本的社交礼仪。学生可以通过符号或非符号的方式引起他人关注，如说话、用语音设备表达思想、挥挥手、靠近人事物。要发起互动需要学生了解互动的发生步骤：靠近互动对象、获得对方的关注、用多种方式表达信息。在建立友谊方面，需要学生能够分享同龄人感兴趣的信息，通过辅助沟通系统与同伴互动。还需要训练学生学会用语言、表情或辅助沟通系统提问，如"这是什么？谁？做什么？"来获得信息，得到他人的解释。教师、家长和学生的同伴此时应当立即反馈学生，强化学生继续发生这项沟通行为。教师和家长还需要鼓励和创造机会让学生表达观点和看法，引导他们用语言、表情或其他方式表示喜欢、不喜欢、好、不好等观点。在社交礼仪方面需要示范学生日常生活中常用的礼貌用语，如"请、谢谢、对不起"，并把礼貌用语在学生的辅助沟通系统中设置好，对于学生表现出使用礼貌用语后积极的强化。

提升沟通技能的一个很好的方法是学生有一个沟通能力较好的同伴，对学生的表达有积极的应对，耐心地理解学生的想法，对表达的内容有准确的、清晰的反馈。教师和家长可以在自然的、学生熟悉的情境中教学，充分利用每天自然发生的沟通机会引导学生进行学习，还可以创设情境增进学生沟通的机会。如在学生够不着物品的地方放置学生喜好的物品，引发学生主动发生互动；创设新奇的情境引发学生的提问；为学生设置不同选项，引发学生表达自己的喜好。针对学生沟通技能的教学计划中需要明确以下内容：教学目标（沟通的方式和具体的技能）、教学情境（时间、地点、活动）、教学策略（提示、模仿法、录像示范、塑造、消退、强化、图片交换沟通系统）。教学策略中提到的图片交换沟通系统（PESC）是一套专门训练自闭症学生与人沟通的系统，教学生直接使用图片符号或文字符号获取所需物品、开启与他人的互动的教学策略。这种策略主要针对自闭症学生，但也可以用于其他有共同需要的学生。

总之，对重度障碍学生进行沟通技能训练时需要尽可能让学生学会独立使用所学技能，我们的提示和支持随着学生能力的提升要不断的减少。要在各种环境中创造机会让学生练习使用所学技能，尝试利用沟通设备，达到技能水平的提升，适应环境中的各种沟通的需求。教学后还需要结合目标进行评价，了解学生的理解和表达能力的实际表现，了解在各种情境中学生是否能以所学的沟通方式进行成功的互动。

(三)学业技能

对于重度障碍学生来说，学业技能可能不被作为教育计划的重点，但是功能性的学业技能有利于学生更好地参与到家庭、学校和社区等环境。2001年美国颁布的《不让一个孩子掉队法》中对于重度障碍学生参与普通课程有要求，强调学生参与到普通课程中，特别是阅读、数学和科学等学科。2017年我国修订的《残疾人教育条例》中规定，在普通学校随班就读残疾学生的义务教育，可以适用普通义务教育的课程设置方案、课程标准和教材，但是对其学习要求可以有适度弹性。残疾儿童、少年特殊教育学校(班)的课程设置方案、课程标准和教材，应当适合残疾儿童、少年的身心特性和需要。因此，对于重度障碍儿童的学业技能发展，应考虑其身心特性和需要来综合考虑。《残疾人教育条例》中还规定残疾儿童、少年特殊教育学校(班)应当坚持思想教育、文化教育、劳动技能教育与身心补偿相结合，并根据学生残疾状况和补偿程度，实施分类教学；必要时，应当听取残疾学生父母或者其他监护人的意见，制订符合残疾学生身心特性和需要的个别化教育计划，实施个别教学。

因此，根据重度障碍学生的身心状况——大多在认知能力和学习能力上存在困难，导致学习效果不佳，教师在教学内容设计上需要平衡普通课程与生态课程的内容综合考虑。当前，我国培智学校的学科的课程设置正体现了这一取向——课程名称为"生活语文"

"生活数学"。同时，重度障碍学生的障碍情况严重或存在多重障碍的复杂状况，使得教师需要为其制订个别化教育计划，实施个别化教学。

在确定学业学习的内容和具体目标时需要结合学生的障碍类型和认知能力来考虑。制订学生的个别化教育计划的基础是对学生发展水平和各方面能力(特别是学业能力)进行评估，依据评估结果，在学生当前的基础上选择适当的学习内容。评估是多元的，评估领域和方法可以多样，如可通过标准化测验评估学生的智力、记忆力、言语理解和表达能力，也可以通过生态评估了解学生在各项环境中的学业技能的需求，还可以通过课程本位评估了解学生在具体的课程体系中知识的掌握程度和水平。教学目标的设定应当与学生的环境需求相关，也与学生发展的长期目标有关，内容和学生的实际年龄尽可能匹配，所学内容有助于学生在各种环境中的融合。

在为学生制订个别化教育计划中的学业目标时，教师可根据我国三类特殊教育学校课程标准中不同课程、不同学段的具体要求，结合课程本位评估的结果和生态评估的结果，结合学生的认知能力和家长的期望为学生设定最合适的目标。

当前培智学校义务教育课程包括生活语文、生活数学、生活适应、劳动技能、信息技术、运动与保健、艺术休闲、康复训练、唱游与律动、绘画与手工。盲校义务教育课程包括语文、数学、英语、历史、地理、物理、化学、信息技术、音乐、生物学、思想品德、品德与生活、品德与社会、社会适应、体育与健康、综合康复、定向行走。聋校义务教育课程包括语文、数学、沟通与交往、美术、历史、地理、物理、化学、律动、信息技术、生物学、思想品德、品德与生活、品德与社会、体育与健康。根据学生的安置情况，重度障碍学生不管在普通学校还是特殊教育学校学习都需要结合学生的实际情况和需求合理地进行课程内容的调整并提供软件和硬件方面的相应支持，从而保证所学内容是符合学生需求并能最大化发展学生能力。

在学业技能中包含着多项能力,其中教师比较关注的是基本的读写能力和数学能力。读写能力其实不仅包括阅读和写作,还应该包括更广泛的含义——从各种材料、符号、媒介中获得有意义的信息和通过不同方式表达传递信息的能力。传统的内容,如听、说(表达沟通)、读(读懂各种媒介呈现的信息)、写(书写、打字或其他沟通形式)都应该包含在其中,此外随着科技的进步、时代的发展,从各种媒体媒介中获取和传递、交流信息的能力也需要学生有一定的掌握。对于重度障碍学生来说,掌握这些技能存在困难,因而不仅是在学校学习阶段需要学习,毕业后也需要持续学习和巩固这些技能。

1. 阅读技能

教师可以根据学生的能力差异,决定读写教学的重点。国外研究者把读写技能分为几类:萌发读写技能、功能性读写技能和传统的早期读写技能。

(1)萌发读写技能:萌发读写技能指儿童在发展为传统意义上的读写能力前的阅读和书写节能。这一阶段的儿童不能完全理解书面语言的意义,但处于读写技能发展的过程中(Suizby,1989)。这一阶段普通儿童开始接触大量书籍或其他阅读材料,家长会读给儿童听,儿童会表现出阅读的兴趣。重度障碍儿童在这一阶段没有早期读写经验,可能是因为家长认为读写技能没有其他技能重要(自理、动作、语言等),或缺少时间和资源。最重要的是重度障碍儿童可能因为身心原因(认知、感知觉、动作方面的障碍)影响了读写技能的发展。因此,重度障碍儿童要比同龄儿童更晚地出现萌发读写技能。

在萌发读写技能的教学中要为儿童准备一个丰富的学习环境,包括:提供对学生有意义的文本、图片和图形;提供大量与同伴或成人沟通的机会;提供阅读各种材料的机会;提供成人朗读、儿童倾听和回答问题的机会;提供儿童通过写、画或其他形式表达和描述生活中的人、事、物的机会。

教学方法：选择一本适合学生的无字图书，与学生一起理清故事情节，前几页给学生讲解内容作为示范，接下来问学生之后可能发生什么情节，把学生的回答记录下来，形成无字书的文字部分。后面可以多次阅读这个故事，复习书中的字词。儿童听成人讲故事后，还可以要求儿童复述故事内容或回答故事中的有关问题。使用没有文字的书籍（通过图片来讲述故事）开展阅读活动可以帮助重度障碍儿童建立起"书"的概念，了解到图片的含义，学习新的词汇，发展语言表达能力，发展听觉理解能力（理解故事的内容、细节），发展想象力、提高排序技能和预测技能，促进学生对文本理解的自我监控。促进学生了解文本所包含的知识，提供写作技能。教师和家长也可以根据儿童从兴趣出发自己选择图片或照片编成儿童感兴趣的图片书。

（2）功能性读写技能：功能性读写技能是指学生通过各种形式获取和表达信息，通过这种方式提高个体的日常生活活动参与度。我国培智学校中语文课程名称为"生活语文"，已经在设计方面强调了实际的功能性和实用性，通过语文学习增进个体日常生活中的参与度。

常用词教学是教授功能性读写技能的常用方法，主要是把词语和物品（概念）之间形成联系。看图识字（词）是一种家庭和学校中教学生认识词语最常用的方式。具有初步的字词量的儿童后续可以逐渐习得读写技能并为学习更为复杂的读写技能打下基础。教师或家长需要确定要教授学生哪些常用字词，要根据学生的能力和需求来考虑。具体来看，教师和家长可以根据现代汉语常用字表来选择合适的内容，一方面考虑生字本身的难度需要遵循循序渐进的原则，另一方面要考虑学生在日常生活中的实用需要和偏好，如生活中的常见的人事物名称。对于不同年龄段的儿童，可以考虑为适应当前环境以及顺利衔接下一阶段的环境而学习在当前和未来环境中需要接触的词语。例如，某一重度障碍的学生要进入特殊学校学习，他可能需要了解和学校学习生活有关的新的词语——教师的名字、同学的名字、学科课程的名称、课程中的专有名词、不同教室和场馆的名称等。学生掌握字词后还需要尽量让学生形成泛化，教师可以在多个场景用多种形式（字体、字号、颜色等）呈现字词，帮助学生能够把所学运用到其他环境中。

常用的教学方法：教师可以使用反应提示和消退法、嵌入式教学、刺激提示等方法进行教学。反应提示和消退法是教师在学生反应之前或错误反应之后给出提示，促进学生做出正确的反应（Cooper，Heron，&Heward，2007）。提示可以通过口头、手势、图片或肢体、示范等多种方式进行。提示消退则是逐渐改变对学生的表现有控制力的提示刺激，减少提示刺激对学生完成任务的干扰性、增加提示刺激的自然性，直到最终提示刺激变为自然的任务刺激。或者通过延长学习任务和提示之间的时间，来削弱学生的提示的依赖。消退的速度要适当，使学生能保持一定的水平。简单地说就是逐步减少对学生的提示或支持，使学生仍保持一定的听说读写的表现。嵌入式教学是在自然环境下把教学内容嵌入常规活动中，教师对学生的正确行为给予强化，鼓励学生对自己的表现进行监控。在重度障碍学生的读写教学中使用嵌入式教学即在班级的整体的学习任务和目标中选择适合重度障碍学生的学习任务进行教学。刺激提示是对词语本身添加一些变化来促进学生的学习，如把词语和实物图片放在一起，或把实物进行变形形成生字的样子，让学生理解。

（3）传统的早期读写技能：部分重度障碍学生仍然有能力学习传统的早期读写技能，教师也应尽量给他们提供学习读写技能的机会，当然具体到每个学生的个人差异很大，在制订教学目标时也需因人而异。

在阅读和书写中包含字形识别、语音提取和语义加工。学生的字词识别的速度和准确性、识字量影响着学生的阅读成绩和写作成绩。按照我国三类特殊教育学校的语文课程的课程标准，对不同障碍类型、不同年级段的学生在识字量、阅读、写字、写作等方面的要求上均有不同，教师需要结合课程标准中的要求以及学生的实际能力来考虑学生的教学内容和目标。

中文识字常用的方法有以下几种：

(1)汉字溯源法：汉字中有20%左右是象形字、指事字或会意字。当前这三类字的字形跟字义已经没有太大关联。但如果溯源到古汉字(甲骨文或篆书)，就可以非常直观的理解，这个字为什么这么写、为什么是这个意思。例如，绳子吊着钟，组成了一种南方乐器(编钟)，古代的北方贵族就把绳子吊着钟这种乐器形象指代南方，这就是南字的来历，非常形象：上半部的十字头代表绳子，下半部代表钟。形声字占汉字中80%，可以看作是形旁＋声旁的组合；而形旁和声旁，一定是象形字或对其稍作变化。汉字溯源到古汉字，可以更好地理解象形字、指事字等，从而更好地理解形旁和声旁，进而掌握形声字。

(2)直观演示法：中文中很多字是象形字，非常形象，如果配合图片让孩子记忆，效果会更好。教师可以指导学生看图画、实物等，激发学生的学习兴趣，进行形象的识记。

(3)游戏法：识字教学中，教师可以设计多种与生字联系起来的游戏，引起学生的学习兴趣，在游戏中巩固识字效果，激发学生的学习积极性，有效提高识字教学的质量。如挖金子游戏、开火车游戏、乌龟赛跑游戏、摘果子游戏等。

(4)情景法：教师可以通过简笔画、动作、语言等，创设情景，使汉字与事物形象地联系起来，能有效地提高识字效率。与生活紧密联系的事物能够激发学生的兴趣，教师尽量让字与生活结合起来，同时让孩子参与表演情景、假想情景，让学生记忆更加深刻。

(5)自学法：教师在识字教学中，针对学生的能力可以渗透一些识字的基本方法，如熟字加部首法、熟字添笔画法、熟字换部首法、去部首法、联想法等。有意识地去归类，让学生参与总结，当学生掌握了这些方法后，一些简单的生字就能自学。这种方法对于重度障碍学生来说可能难度较大，学生可能没有找到规律的能力。

（6）阅读法：将识字与阅读结合起来，对提升识字效果非常有效，识字的最终目的是为了阅读。因此，教学生认字后可以教学生如何使用，如组词、读小句子、读小文章，通过组词、读句子和文章，进一步加深对字的理解，也让孩子学以致用。同时，还能培养孩子的阅读意识和兴趣。

（7）随文识字法：也称分散识字法，一般是指在教师的引导下，学生积极主动地参与到文本的语言环境中识字；随课文分散识字最大的特点是："字不离词，词不离句，句不离文"，把文字放在特定的语言环境中来感知、理解和掌握。这种方法和阅读法类似。

此外，还需重视学生的词汇量的积累，词汇量较多有助于学生的听觉理解、阅读理解能力、口语表达能力和写作能力的提升。因此，教师在听、说、读、写这四个方面都需要开展循序渐进的、系统的教学。教师可以使用生态评估的方法，找到学生在日常各项环境和活动中所需的常用词汇，包括学科课程中的词汇，作为学生的词汇积累目标。词汇教学需结合多种方法，如结合文本学习词语、多媒体教学、增加新词与已经掌握的词之间的联系、提供学生大量练习使用词汇的机会、对学生的正确反应积极的反馈等。前面提到的嵌入式教学、反应提示和消退法仍然可以在词汇教学中使用，同时还可以增加同伴辅导的方法，促进学生的互动和交流。

阅读理解也是重度障碍学生需要逐步掌握的技能。具体也需要根据学生的能力和需求来决定教学的目标。阅读理解的基础是需要学生有一定的识字量和词汇量，然后可以由浅入深地阅读短语、句子、段落和篇章。学生的阅读目标、阅读目的不同，教师需要选择各种不同类型的文本（如说明书、诗歌、小说、留言条、日记、店铺牌匾、菜单、日历、公交车站牌、购物清单等）来满足学生在日常各项环境中的阅读理解的需求和可能性。当阅读和学生的需求(爱好、功能)建立联系时,学生更有动力去完成阅读。阅读前可以给学生提出问题,引导学生阅读中带着问题去思考答案,教师也可以及时为学生解释生字词的含义来帮助学生理解文本内容。阅读文本后,学生可以通过故事复述法来提升阅读理解能力,如学生选择代表故事中心思想的图片和词语或口头概括故事内容。

朗读的流利性也是教师考查学生阅读能力的一项指标。流利性是指以合适的语速、使用恰当的语调和分句停顿准确读出单词的能力(Keefe,2007;Therrien,2004)。流利性的提升可以采用反复朗读的方式或示范朗读的方式进行。增加阅读次数是提高学生阅读流利性的主要方法。

2. 书写技能

书写技能需要个体具备多项视觉、动觉和精细动作能力,以及相互之间的配合。要完成书写,需要学生具有基本的视觉辨别能力、视觉记忆、精细动作能力、空间概念和顺序排序能力。某些重度障碍学生可能在上述能力中存在不足,因而影响其书写技能的掌握。但是,书写技能在日常生活中也具有功能性,学生应该在其能力允许的范围内掌握适当的书写技能。在进行书写技能训练前,学生需要具备基本的精细动作能力,从摆弄物品、基本操作能力、双手配合、手眼协调再发展到握笔写画能力。同时,在正式书写汉字或拼音之前,学生可以进行精细动作的训练、控笔训练以提高学生对书写工具的运用能力。一般来说,随着年龄和年级的增长,学生的执笔和运笔能力会有所提升,书写的力度也会更适当。书写技能教学中需要要求学生保持正确的身体姿势、给学生提供更易抓握的笔、纸张上可以有书写的提示(如描红、连线)、写字的格子可以适当放大、教师示范正确书写的方法(字的起笔位置、笔画顺序、结构要求)、学生临摹或抄写、教师给予学生积极的反馈。写字教学中可以根据学生的情况采用多种方法,如摸写、指书、书空、临写、抄写、添加笔画或部件、拼字、组词造句、听写等。摸写是让学生按笔画、笔顺触摸教师做好的镂空的字板来学习写字。低年级学生或手部功能严重障碍的学生比较适合这一方法。指书是用手指在桌子、黑板或沙盘上进行书写，用手指来写要更容易一些。书空是学生用手指在空中书写汉字，通常教师会为学生进行示范，同时口述笔画顺序来帮助学生掌握字的书写方法。添加笔画或部件是呈现一个缺少部分笔画或部件的汉字，让学生找出缺失部分并添加，把汉字补充完整。拼字将汉字拆分成笔画或部件，然后让学生将笔画或部件组合成熟悉的汉字。按照学生写字能力发展的顺序，可以按照"摸写—书空—指书—临写—添加笔画—拼字—自由书写"的顺序，逐步发展重度障碍学生的书写能力。如果学生无法掌握书写技能，也可以教会学生使用键盘打字，或者让学生既学习书写也学习键盘打字，以适应时代的要求。

3. 写作技能

阅读和写作相辅相成，学生的阅读能力提升后，写作能力也会相应提升。写作也是个体与世界沟通的方式之一，具备写作能力能帮助学生更多地参与到周围的环境。重度障碍学生在学习写作方面需要循序渐进，可按照组词、组短语、造句、写段落、写篇章这样一个从易到难的过程进行。不是所有重度障碍学生都达到写出篇章的水平，可以因人而异地确定不同水平的写作目标。此外，学生的写作不仅仅限于文字，还可以文字结合图片和图形进行书面表达，也可以采用句式填空的方式让学生选择需要表达的句式，再填写上想表达的内容。例如，我今天上午上了_____课，然后我吃了午饭，我吃了_____。教师可以结合课文内容提供句式，也可以结合日常需要发展更多的相关句式。在重度障碍学生的写作技能培养上，教师和家长要对学生抱有期望，认为学生有想要表达的内容，是可以培养出不同水平的写作能力的。写作内容也需要具有功能性，如记日记、留言条、任务清单、发短信、用电子设备和他人打字聊天等。写作的主题可以围绕学生的日常生活，结合有意义的事件引导学生进行写作。同学们可以互相分享写作的内容，彼此交流和学习。

4. 数学技能

数学能力也是一项重要的、几乎人人都需要掌握的重要技能。但是部分重度障碍学生由于认知发展水平落后，在数学上的发展水平较低，数概念的建立对于重度障碍儿童来说比较困难。在我国培智学校义务教育生活数学课程标准（2016年版）中对生活数学的课程内容安排了5个方面：①常见的量；②数与运算；③图形与几何；④统计；⑤综合与实践等内容。

"常见的量"包括有无、大小、多少、长短、高矮、粗细、厚薄、轻重、宽窄、人民币面额、时间、长度、质量等方面。

"数与运算"的内容包括数的认识、数的表示、数的大小、数的运算、数量的估计。

"图形与几何"的主要内容包括空间和平面基本图形的认识，图形的性质、分类和度量，图形的轴对称等。

"统计"的主要内容包括收集、整理和描述数据，从数据中提取信息并进行简单的推断。

"综合与实践"是一类以问题为载体、以学生主动参与为主的学习活动，是帮助学生积累数学活动经验的重要途径。在学习活动中，学生将综合运用"常见的量""数与运算""图形与几何""统计"等知识和方法解决问题。

需要注意的是，重度障碍学生的学习能力可能不足，并不一定能够掌握课标中的所有数学技能。教师应依据其具体的认知能力选择适当的学习内容，设定合理的教学目标，帮助学生建立初步的数感、符号意识、空间意识、几何直观、数据分析概念、运算能力和应用意识，尽量让学生在生活中能够运用到所学，发挥数学学习的作用。

数学学习中可以让学生通过实际动手操作的方法来了解常见的量,并进行比较,形成常见的量的概念,也可以使用实物和教具帮助学生认识数字、表示数字、进行简单的加法和减法的运算。还可以使用数轴和计算器帮助学生进行加减法的计算。在数学学习功能性方面,可能涉及儿童生活的各个方面。比如,儿童要认识钱币,学会购物和各种情境下付款。儿童要认识公交站牌的公交车线路数字或地铁的线路数字,了解乘几路公交车和地铁几号线。儿童要认识楼层和门牌号的数字,知道自己的家庭或学校所在位置。儿童要知道熟悉的人的电话号码的数字,学会打电话。儿童要学会看钟表的时间,合理安排日常生活中的各项活动。还有很多日常的应用,需要教师和家长结合生活的各项情境,发现所学内容和生活的联系,帮助学生学以致用。

(四)家庭和社区技能

家庭和社区教育的目的是使重度障碍学生能够参与到日常家庭生活和社区生活中的各项常规活动,强调学生获得功能性技能的重要性,帮助学生获得自我决策能力并向成人期过渡。在此过程中,教师需要规划好学生的学科课程和功能性课程的关系,帮助学生在两个方面都获得一定的成绩。家庭和社区技能的范围比较广泛,涉及学生适应和参与多项环境中的各种不同的技能。可以考虑结合生态评估的结果进行具体的方案设计。

随着学生年龄的增长,教师和家长需要对学生在成年后的生活方式、独立性程度和职业发展方面有所规划。为了保障学生的生活质量,特别要关注提升重度障碍学生的自我决策能力,使他们能够按照自己的喜好积极地管理个人的生活。几乎所有的日常生活技能训练都对增强学生的自我掌握权有潜在的积极影响。为了提升学生的自我决策能力,在学生的各项环境中要充分给予学生自我管理和自我导向的机会,提供不同的选择,尊重学生的兴趣,教授学生制订目标、解决问题和自我激励策略,鼓励学生在能力范围内为自己做更多的事情，并按照他们自己喜好的方式来学习和生活。重度障碍学生生理和心理等方面的问题，导致他们在生活中需要得到身边人的帮助，他们的自我导向也意味着他们可以指导别人如何帮助他们参与到日常各项活动中。

家庭和社区技能的教学内容选择应考虑学生的偏好、家庭的喜好及未来的愿景，针对个人兴趣和需求制订个性化的教学目标。每个个体所处的环境不同，其各方面能力也存在差异，这些差异决定着发展家庭和社区技能的个性化需求，有些学生可能需要掌握未来独立生活的技能，也有些学生需要掌握和家人生活在一起能够共同完成日常活动的能力。

提高学生家庭技能和社区技能的指导方针主要有以下几点：

(1) 遵循以人为本的原则，为学生规划发展计划，学生及其家人共同参与到计划制订的过程中。要做到以人为本需要各方面通力合作，确定发展的目标，探讨达成目标的行动，调动资源形成支持使目标实现。

(2) 家校合作开展教育教学工作。教师和社区人员与家庭成员合作，帮助制订和实施教学训练。教师在学校中开展相关内容的教学，家长也需要了解在家庭中的具体做法，完成家庭中的教学。

(3) 经由做出选择、自我提示和自我管理技能，鼓励学生形成自我决策技能。给学生做出选择的机会，有助于提升学生的学习活动的参与度和积极性，提升学习效果，减少问题行为发生。选择中也包括学生可以拒绝参加某项活动或参与中决定停止某项活动。针对不同能力的学生，在选择的提示方面也可以有不同的水平，针对能力较好的学生教师和家长可以考虑更少一些提示，以便学生在活动中的自主性更强。提示可以包括图片、录音或文本等形式，使学生明确某种技能的操作步骤。提示还能够帮助学生把活动泛化到新环境中，帮助学生更好地适应环境。随着科技的发展，一些专门开发的软件程序会更有利于障碍人士的生活，提示他们完成日常的家务劳动。教师和家长也可以在手机和电脑上找到一些日常技能的视频，通过视频教学教会重度障碍学生这些技能。自我管理能力包括设定目标、自我监督、自我评价和自我强化等要素。

为了实现以人为本的教学规划，可以使用制订行动计划法。制订行动计划法（MAPs）是针对学生特殊的想象力、优势和需要等制订教育计划的过程。MAPs过程评估小组通常包括学生、同伴、家长、家庭其他成员以及亲戚和友人。计划的协调者可能是这些人中的任何一个。协调者需要通过积极的头脑风暴以创造出尽可能多的想法。

头脑风暴通常包括以下8个主要问题：

①什么是MAPs？会议开始时，协调者解释这个程序的目的，回答会被问及的问题，以及告知自由回答与创造性地解决问题的方法的原则。协调者要创造一个向上、积极和亲近的氛围。

②学生的历史或过去是什么样子？学生和家长一起分享背景信息，特别关注对与学生生活中的想象、高度的期望、优势和爱好相关的已有成功和挑战。

③学生的梦想是什么？讲述他们未来的梦想。家长对孩子不能或不愿交流的话题进行补充。MAPs程序的关键部分是确定学生的这些梦想和期望以作为制订学校时间表和课外活动的基础。

④学生的恐惧是什么？找出恐惧所在使每个人知道自己害怕什么，有利于得到适当的支持。

⑤这人是谁？小组尽量使用很多形容词来描述学生真实的和基本的情况，避免使用标签性术语。

⑥学生具有哪些优势和才能？教师、朋友和家庭成员经常会忽视学生能够提高自己和实现自己梦想的那些优势，因此MAPs的会议花时间来发掘学生的这些优势和才能。

⑦学生需要什么？为实现梦想和期望需要付出哪些努力？学生当前和在实现理想的过程中会遇到哪些困难？学生的这些需要是制订教育计划的基础。

⑧行动计划是什么？包括实现梦想所需的特殊步骤，在任务、时间表、资源和其他能帮助达到显著地步的详细信息。

(4)在合适的教学环境中使用有效的策略促进学生所学技能的泛化。家庭环境和社区环境与学校环境毕竟存在差异，因此家庭和社区技能的教学环境可以有三种层次的考虑：一是把具体的技能融入平时的学校日常例行活动，二是考虑在学校中创设(模拟)家庭和社区的环境来进行相关技能的教学，三是考虑某些技能就是在真实的家庭和社区环境中直接进行教学。第一种情况可以利用学校现有的环境资源，结合具体的教学目标进行相应教学。如在学校的烹饪课上学习做饭，在打扫教室卫生的时候学习扫地、擦地、擦桌椅，在数学课上练习使用钱币购物。第二种做法也是当前一些学校已经在做的——在学校内部创设模拟的家庭环境(有卧室、客厅、餐厅、卫生间等)、超市(有货架和收银台)、斑马线和红绿灯等，学生可以在模拟的环境中学习和练习相关技能。教师可以现场示范或通过视频示范的方式呈现技能的具体步骤，然后引导学生模仿，直到掌握。第三种做法是在真实的环境中开展教学，这种做法有时需要家长积极地参与，也需要社区相关环境中的工作人员的积极配合。例如，有些学生在接受职业教育，他们需要在超市学习整理货物、学习在面包店制作面包、学习在小餐馆打扫卫生，这些都可以在真实的场景中进行学习和练习，学生也能够更快地适应环境对他们的要求。

在技能的泛化方面，要考虑学生的某种技能在多个环境中的练习和应用，如他在学校会擦桌子，那么在家里也能擦桌子；他在某个小餐馆能够点餐用餐，也能够在类似的餐厅里面点餐和用餐。家长和教师需要给学生提供机会去体验在不同的环境中完成同一技能。

有效的策略可以包括观察学习、提示系统、同伴教学等方法。观察学习是让学生在现场(或视频中)看其他人是如何进行某一技能的，然后了解这一技能任务分析后的步骤，再逐步学会某一技能。提示系统则是在进行某一技能中给学生提供相关提示(环境的、口头的等），在执行某一步骤时教师提供提示让学生了解具体的做法。同伴教学则是让同学作为辅助者参与教学中，增加重度障碍学生和同伴的互动，也能够促进学生的融合。这几种方法可以分别使用，也可以结合在一起使用。

（5）实施转衔计划，强调社区技能的教学。对于14岁及以上的学生，需要考虑他们从青少年期向成人期的过渡。需要结合学生的个别需求和家人的偏好、学生的实际年龄，选择适当的教学策略来发展学生力所能及的相关技能，如做日常家务——洗衣服、整理衣柜、做简单的饭菜、整理房间、打扫卫生、乘坐交通工具、进行休闲活动、基本职业技能、使用社区资源（图书馆、小区健身设施、商店、银行、诊所、邮局、快递点）等。

家庭技能中重要的内容包括烹饪、做家务、家庭管理、居家安全、使用电话和性教育。

烹饪技能的教学地点可能在学校的家政教室或者是家里面的厨房，教学人员可能是学校的教师或者学生的家人和朋友。烹饪教学按照流程包括计划烹饪菜单、购买需要的食材、清洗和准备食材、烹饪食物、食品的安全储存、清洗厨具和餐具。计划菜单时需要考虑是否有学生及其家人忌口的食物，考虑营养需求和身体状况来拟订三餐的菜单。学生需要学习挑选新鲜果蔬肉类，学会清洗食材、处理食材。学生还要能够读懂有包装的食物上面的说明，来了解做法或食用方法。烹饪的具体菜品可以考虑学生及家人的口味，选择学生喜好吃的菜作为学习内容更容易激发学生的学习兴趣。可以根据学生的年龄和能力情况确定烹饪菜肴的难度，教师和家长通过自身示范（或视频示范）和提示系统帮助学生掌握烹饪的步骤。

家务技能方面，学生需要逐步学会完成力所能及的打扫家庭卫生和洗衣的任务，增强独立生活能力。此外还要学会规划家务劳动的时间，定期完成家务活。在家务技能的教学上也是采用任务分析法（把每一项任务分解为小步骤，依次进行教学，直到掌握全部技

能)和提示法(运用多种提示帮助学生掌握方法和步骤)。打扫家庭卫生的技能包括扫地、拖地、擦拭家具、打扫浴室、打扫卫生间、整理房间、铺床铺、洗衣服和寝具等,教师和家长需要结合学生的能力来确定学生可能掌握的技能,并逐一进行教学。可先从难度较低的技能入手,逐渐让学生掌握难度更高的技能。在规划家务劳动的时间方面,可以教学生形成活动安排表(文字或图片形式),明确在什么时间需要完成哪些家务,如有些家务需要每天完成,有些家务需要每周完成一次即可,也有一些家务每一个季度完成一次(如整理换季的衣物)即可。

居家安全也非常重要,学生需要学会发现和避免不同的危险情况,营造安全的居住环境。重度障碍学生有可能因为其认知能力比较低对危险的意识不足,因此要让学生了解各种危险情况从而能够避免,如避免电击、烫伤、尖锐锋利的器具割伤、坏人跟随等危险。此外,在家庭中也要学会锁门、关闭窗户、安全用火用电、简单的急救,并在遇到危险情况时能够使用电话报警。为了帮助学生掌握这些技能,教师和家长可以通过社会故事、角色扮演、提示法、视频示范等方式进行教学。进行角色扮演时通常会模拟一些场景(如火灾、地震、台风),有些学生可能对于危险的环境感到不适,还需要让学生逐步适应模拟的场景,以便在危险真实发生时能够适应。

障碍学生的性教育非常重要,缺少相关知识可能会导致部分学生在青春期出现一些问题行为的表现(不恰当的形式表现出性冲动、不考虑异性的感受和异性发生比较亲密的行为),或者由于缺少性教育易受到性侵害或对性问题持有负面的情绪。由于性问题的私密性和敏感性,教师和家长可以私下和学生讨论相关问题,但不要在学生的个别化教育会议上公开讨论,得到学生和家长的许可后,可以把学生和家长的想法传递给其他教育团队成员。

性教育的范围比较广,包括自己是男性还是女性、自我感受、关心他人、通过亲昵的行为表达情感。教师和家长需要帮助学生形成健康的性观念和性行为，特别是学会保护自己。性教育的内容包括基本的性知识、性行为技能（何时何种方式表现处理）、情感和感受、人际关系。具体内容的安排需要考虑学生的年龄来安排适当的内容，在童年期（3~9岁）、青春期（10~15岁）、青少年（16岁及以上）安排不同的性教育内容。童年期的孩子需要了解男孩女孩之间的区别、身体不同部位的名称和功能、公共场所和私人场所的区别、婴儿诞生的过程；青春期的孩子需要了解个人卫生保健知识、身体的变化、月经、遗精、不能触碰他人身体哪些部位、社会界限和社会礼仪、性感受、婴儿是如何形成的；青少年需要了解如何约会、情感关系、管理好性/情感体验、因不恰当触碰所产生的后果或要负的法律责任、性行为、避孕、预防性病、结婚/成为父母。

对于重度障碍学生而言，可能不能仅参考其生理年龄来考虑教育的内容，有些学生存在认知障碍，在接受能力上远远落后于同龄学生，要选择低于其年龄段的内容作为其性教育的内容。教学时可以借助一些绘本来帮助学生理解相关内容，教学也要与学生的日常生活结合起来，如在孩子洗澡时教孩子身体各部位的名称。学生学会了身体部位才能了解哪些属于个人隐私，才能说清楚是否受到了性伤害。学生需要了解学校和家里哪些地方属于私人区域，这样有利于学生自我保护，比如家中的卧室和卫生间通常是私人区域，在这些地方穿衣服或发生性行为是适合的。学生在学校或家里面使用卫生间要关门，洗澡后要及时围好浴巾来保护个人隐私。同时学生要了解只有亲人、朋友才可以进入私人区域。当然，学生也需要区分和不同人之间的关系，如陌生人、朋友、亲人、爱人之间是不同的，对于陌生人在社交中要保持一定的警惕性，避免身体接触，即使是朋友在拥抱时也需要保持一定的距离。

青春期的女生需要学习月经期的卫生保健，学会保持月经期个人卫生。教师和家长可以选择适当的绘本或视频进行教学。能力不足的学生还需要得到教师和家长的语言提示或行动上的直接帮助，

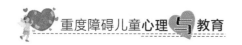

随着学生能力提升，帮助可以逐步减少。

帮助重度障碍学生学会保护自己不受性侵害方面，拉姆利等研究者(1998)提出一种"不行—离开—报告"的教学策略，可以通过情境教学让学生了解遇到性侵害时需要怎么处理。"不行"指直接口头拒绝行为或引诱，"离开"指离开当时的环境，"报告"指把事情告诉可信赖的成年人。学生需要了解哪些是适当的性接触，如你的男（女）朋友和你接吻是可以的，但是不能和家庭成员、教师、陌生人接吻。

社区生活技能是重度障碍学生过渡到成人期所需具备的重要技能，包括公共安全、使用社区公共资源(图书馆、小区健身设施、商店、银行、诊所、邮局、快递点)等方面。

社区安全技能包括识别和避免危险处境(远离陌生人、安全过马路、在街道上靠边行走、夜间不去人少的地方)和寻求他人帮助(迷路时或遇到危险时向警察求助、拨打电话)。这些知识和技能可以通过教师在课堂讲授、家长在家里讲授，也可以通过模拟情境和真实情境进行现场教学。如有些特殊教育学校在校园中设置斑马线和红绿灯，让学生学习红绿灯的含义以及怎样安全过马路。在远离陌生人的练习上也可以运用"不行—离开—报告"策略，让学生在模拟场景中实践练习，可以在学生不知情的情况下请人假扮陌生人，来看学生是否能运用策略做出适当的反应。教授学生"迷路时寻求帮助"也可以使用情境教学的方法，将求助的步骤进行任务分析(明确此时的位置、确定周围标志性建筑、拨打电话、说明自己的位置、等待他人救援)，然后在模拟或真实情境中要求学生表现相应行为技能。教授学生使用社区公共资源可以利用日常的机会，教师或家长带学生在各个公共场所进行相关活动，如在图书馆看书或借阅书籍、在便利店买东西、在银行存钱取钱、在诊所就医、在快递点拿快递等。

购物也是日常一项常用技能，学生可以学习在常去的实体店选购商品并付钱(支付纸币硬币或扫码支付)或者学会在网上购物，教师或家长可以把购物的流程进行任务分析，然后把购物流程录成视频或做成图片的步骤图，作为教学的材料教给学生。进而可以一步步引导学生在模拟或真实情境中完成购物的步骤，通过多次练习掌握。对于学习能力不足的学生可以在每一个步骤给予不同程度提示，支持其完成购物流程。有些学校会搭建一个模拟超市，让学生在模拟情境中练习购物，提升购物技能的同时还能提升学生的社交技能、计算技能、自我决策等能力。

社区休闲活动方面可以结合学生的兴趣爱好和社区的具体情况进行针对性的设计，可以结合生态评估的方法确定学生在参与各项休闲活动时存在的困难和所需的支持，然后针对性提供支持或进行教学。如学生社区中有一个小公园，学生喜欢傍晚在小公园散步，可以先通过生态评估确定学生是否在公园散步时存在困难，如果发现学生找不到公园入口或学生在公园里会迷路，则提供针对性的支持。参与休闲活动往往和学生的出行有关，学生能够独立出行或在他人支持下出行对学生的社会参与和融合都有好处。出行包括注意交通安全、乘坐交通工具、了解步行的规则等方面。例如在过马路的时候不仅要了解走斑马线和看交通信号灯的规则，还需要学生能够关注路上的车辆的多少、车辆的速度、信号灯的变化等方面。乘坐交通工具时学生需要知道上下车的站点名称、公交站台或地铁站的标志、确定公交车或地铁行进的方向、学会买票或刷卡乘车、在公交车或地铁上离车门保持安全距离、提前准备下车等。练习乘坐交通工具时可以先由他人陪伴，确定学生能够独自前往某地后可让学生尝试独立出行。如果迷路或遇到困难时学生可以运用求助的技能向教师或家长求助。

在社区技能的教学方面可以按照具体技能来考虑，也可以按照衣食住行几个方面来考虑模块教学，最重要的是把技能教学和日常生活结合起来，在日常生活中给学生提供练习的机会，促进学生提高独立生活的能力、提升学生的生活质量。

第三节 重度障碍学生的教学策略

重度障碍学生的有效教学与学习模式和策略的选择及开发等，应以重度障碍学生整体学习评估的结果、学校或相关教育机构现有的师资及设备的条件，以及其他有关可供利用的社会资源与社区现况等情况，配合重度障碍学生个人的学习风格与行为特色，以及其生涯发展的程度和个人的身心状况，而做出适当合理的规划与调整。从重度障碍学生的学习特点来看，特殊教育教学多种针对性的教学策略，在其教育教学中需要注意以下问题：

一、了解并重视重度障碍学生身心特点

重度障碍儿童的教学，首先在教学安排方面需配合学生独特的学习风格与行为特色。教师可通过正式的标准化测验或课程评估等方式来了解学生的学习风格和学习水平外，下面三种策略是有效且经济的方法：①与学生本人或与熟悉学生的人交流沟通；②在自然情境下观察评量；③行为样本的使用，使用故事或投射技巧等引导学生的行为，再分析观察学生部分的行为样本，样本的目的是在短时间内选择一个代表性的行为，以进行适当观察评量。此外，就教学评量而言，除了目前为诸多学者或专家所提倡的课程本位评估（curriculum-based measurement，CBM）方式可加以采用外，其他强调个别化评估与能力本位的评估均可加以使用。

二、重视师生间的互动与沟通

教师应随时提醒并注意的以下三项决定教学成功与否的重要关键因素：①学生的学习动机与兴趣；②功能性与具体性的内涵；③老师与学生互动的程度与时间。尤其重要的是，教师要注意到互

动环境如何,互动的机会是否足够多,互动的类型是否多样,互动时学生是否均衡参与?

例如,教师在教学中是否提供学生足够的时间和机会去思考问题和反应问题,是否考虑到学生偏好的反应风格与独特的学习行为模式,是否让学生均衡地参与同辈及师生间的互动活动等。

三、编写适合重度障碍学生的个性化教材

教材一般泛指各科教学的内容(subject-matter or content)及教师用来帮助学生学习的教学媒体(instructional materials)。优良合宜的教材可帮助重度障碍儿童从事有效的学习,也可协助教师进行有效的教育工作。然而教材的开发需考虑到教学的原理、学习者的特点、教学目标、教学策略,以及学习效果的评价等因素,然后再以系统的方法按准备、发展和改进三个阶段进行编写或开发。尤其重要的是要考虑到重度障碍者个别化教育计划编写及设计时的运用配合。因此教师编写质量高并合适的教材并不容易。教师除了自行或集体开发编制教材外,更应该多加利用现行国内外已开发的有关教材。如结合国家的课程标准自编校本课程和校本教材。开发时最好要考虑到上述有关教学的原理原则,以促进重度障碍学生进行有效的学习。

四、重视生活性与功能性课程

就教学的观点出发,规划和发展重度障碍学生的课程时,应多强调生活性与功能性课程作为学习的主要内容,而非局限于学科性的学术性学习。所谓生活性即以生活的领域作为其教育的内涵,而非以学科为主要的学习领域;其具体内容除了与日常生活有关的学术学习活动外,还包括家居生活技能、家务技能、沟通技能、社区生活技能、休闲娱乐技能、社交人际关系技能等的开发学习。而所谓功能性(functional)即实用(practical)的意思。也就是说,所规划的

课程与所学习的课程要让重度障碍学生能有效地应用于现行的世界中或可能继续地应用于未来的生活情境中,因此其不仅要能适用于目前的学习环境,还要考虑到未来的可能的发展和限制。

五、其他有效教学策略的运用与配合

教学是有目的、有步骤的工作。这些目的和步骤,都需要在教学之前,提前安排和设计,如此才能按部就班,如期完成教学活动,有效达成教学的目的。然而由于重度障碍学生普遍均有心理认知和技能学习方面的困难,因此对于多障学生而言,如何有效地运用教学策略,使教学活动获得事半功倍的成效,有更迫切的需要。因此有关增进教学效果的其他策略,诸如温柔教学法(gentle teaching)、个别化的教学(individualized instruction)的运用、行为改变技术(behavior modification)和积极行为支持方面的配合、任务分析法(task analysis)的系统分析、计算机辅助教学(computer – assisted instruction)的辅助等的有效运用,将会非常有助于促进重度障碍学生的有效学习。

六、辅助科技与科技辅助器材的使用

计算机科技的应用一直是重度障碍学生教育训练的一项重点。科技辅助器材的使用可协助重度障碍学生适应其所处环境和社会对其所造成的不便和障碍外,更可辅助其进行有效的学习活动。然而目前对于重度障碍学生而言,科技辅助器材的使用并不普遍而且缺乏有效的规划。虽然目前有不少配合学习障碍者的新科技产品或计算机辅助教学软件已被开发出来,但一般而言,其生产的成本及购买的价格均过高,因此其生产和使用的比率并不高也不普遍。尽管如此,于未来提升重度障碍学生生活品质(quality of life)的诉求中,科技辅助器材的使用与发展亦将会是教学领域中一项重要的课题。

七、掌握重度障碍学生的教学重点

根据 Hollowash(1989)的分析,重度与多重障碍学生的教育需掌握如下重点,以有效地、务实地帮助障碍学生学习与成长:

(1)针对学生个人需求,设计个别化的教学课程。即每一个学生的课程内容都经由与学生有重要关系的个人访谈,在参考特定环境所需(结合生态评估结果),以及学生目前的表现水平以找出学生的特别需要,并依据其需要来设计。通过评估过程来为每一个学生决定个别化重要活动。

(2)根据学生所在社区的生态情况,规划教学活动。强调社区化教学,教师、家长与专业团队共同找出并教导学生参与目前与未来当地环境中必需的活动,也有利于学生之后能够完全融入当地环境。

(3)系统性的分析活动课程,使学生能参与未来的生活情境。即教学活动通过有效的任务分析法、市场调查法、职业分析(occupation analysis)等方法,以分析重度障碍学生未来可能参与的潜在环境,并且系统化地找出参与这些环境所需的重要技能。

(4)教导并强化适合其生理年龄的重要学习活动。依据观察同龄的非身心障碍学生的日常活动,找出符合重度障碍学生实际年龄的重要活动来进行教学,而不应该也不应仅仅考虑或依据障碍学生的心理发展年龄。

(5)教学的内容应涵盖生活各领域。即教学的内容应强调并着重每个障碍学生于各种不同生活领域所需的重要行为、技能与活动,使他们借助运用家庭领域、一般社区领域、娱乐与休闲领域、职业领域这四个课程领域的技能,可以在未来各种环境中发挥最大潜能尽量独立地生活。

(6)教学的进行应融合学生教学的需求与生活的基本技能。即应强调学生学习活动课程与个人需求的有效结合,以求教学实用化。专业团队可以通过个别化教育计划将教学需求嵌入学生动作、社交、认知、沟通与活动表现等基本技能的教学中，以落实教学。

(7) 零推论(zero-degree inference)原则的使用，以促进教学效果。由于多重障碍与重度障碍学生的学习特性受限，其模仿和逻辑推理能力较弱。因此在教学过程中，适宜在实际的场景和情境进行教学而非人工或不自然的情境，也避免学生产生不必要的学习干扰与困惑。

(8) 以环境调查与替代性活动/辅助性策略来确保学生有更大的参与层面。参与是学习的重要条件。要考虑目前的教学环境与活动是否可以符合并满足所有学生的需求，尤其是重度障碍学生可能因行动不便而被排除于学校的多项活动，如体育活动、休闲活动以及社团活动等。专业团队与家长可以通过生态评估了解参与各种环境所需的技能与条件，并可以通过调整或使用替代性方法让重度障碍学生有机会得以参与活动，如修改运动或游戏的规则、改善无障碍空间、开发障碍者与非障碍者均可以共同参加的课外活动或休闲活动，以让重度障碍学生有更多的参与机会。

(9) 在教导重要学习技能时，强调使用自然刺激、自然结果与自然时间表。自然刺激、自然结果与自然时间表不会让重度障碍学生产生学习类化的困扰与迷惑，也就是说强调教学活动使用自然的教材、教法与正常的环境与情境中进行的学习而不是使用非自然的教学提示与非自然的结果。

(10) 有计划地将习得后的类化技能运用在各种活动与环境。虽然在教学过程中强调以零推论的原则(在实际的场景和情境进行教学而非人工或不自然的情境，来避免学生产生不必要的学习干扰与困惑)来教导重度障碍学生学习以避免干扰学习，但在学生学会一项技能之后，应该进一步地教导学生运用重要技能并将其类化至不同环境。如学生学会在社区内的小吃店点餐用餐，那么他也需要尝试在其他环境中的餐馆点餐用餐。

(11) 进行教学评估时，应以学生各种不同环境的表现来评估教学效果。重度障碍学生的教学成效不应仅仅以学生在课堂上的表现来加以衡量,而应同时评价学生在各种实际的情境中,运用所习得的重要技能的表现。

(12)家长或监护人应全程参与系统化教学过程。家长或监护人在重度障碍学生的生活中与学生有重要的关系,更可进一步协助决定学生的重要活动、帮助老师进行教学、评估学生实际的运用情况、观察记录学生的成长情况、适时反映学生与家庭的需要、协助拟订个别化教育计划等。

(13)以发展及执行个别化教育计划为教学蓝图。形成完整的个别化教学计划,其过程包括找出学生目前的行为表现、形成教学目标、确定负责的相关教师或人员、决定评估系统与时间及在最少限制环境中扩大与其他师生互动的机会、专业服务与相关服务等。因此,有效的个别化教育计划有助于进行和完成重度障碍学生的学习。

八、对多数学生有效的通用学习设计

不管是在普通教育领域还是在特殊教育领域,学生的差异都是显著的。为了满足学生的差异而造成的不同的学习需求,教师在教学中需考虑运用通用学习设计。通用学习设计的理念在于教学设计上在最大程度上适合每个学生,处理教学设计中不利于学习者的主要障碍。针对学习者的个体差异,教师要考虑所有学习者的需求,设置灵活的教学目标、教学方法、教学内容和教学评价。美国《高等机会教育法案》(2008)对通用学习设计的定义是:一套用于指导教育实践的科学有效的指导框架。通用学习设计的三大原则,①学习内容方面:提供多种形式的知识呈现方式;②学习方式方面:提供多种形式的行为和表达方式;③学习动机方面:提供多种形式的参与激励方式。此外,减少课程指引方面的障碍,提供适当的环境和支持条件,提供适当的学习挑战,所有学生(包括障碍学生)都能取得优秀的学习成果。

通用学习设计课程由四种具有高度关联关系的构成内容，包括教学目标、教学方法、教学材料和教学评估。教学目标也被描述为学习期望，代表所有学生都必须掌握的知识、概念和技能；对于教学目标的描述，体现了对学习者差异的考虑。教师可以提供更多的选择和替代方案，可能是不同的路径、工具、策略和帮助学习的辅助资源。教学方法是指教师用来帮助和提升学习过程的教学指引策略、方法、流程或常规环节。教师需根据不同目标采用不同的方法。通用学习设计理论会根据学习者个体差异、结合具体的学习任务、学习者的社交和情感资源以及教室所处的气候环境，来进一步有针对性地使用不同的教学方法。教师不断地监控学习者的学习进展并做出适应性调整。教学材料是用来呈现学习内容和用来表达学习者知识的媒介。教学材料的核心品质在于多样性和灵活性。为了实现有策略的知识学习和表达，通用学习设计材料提供用于获取、分析、组织、综合和展示所学知识多种形式的工具和辅助。为促进学习参与教师为学习者提供了多种路径以达到学习的目的，包括具有适当的不同难度的支持、挑战的内容，以及多种用以引发和保持兴趣与学习动机的方案。教学材料要适合学生，起到促进学习的作用，避免对学习产生不良影响。教学材料必须和学生的能力相匹配，如改编教材、活动要求、桌椅高度、相关辅具等。教学材料要和学生的年龄匹配，教师必须努力设计符合学生生理年龄的教学材料，还要保障材料是对学生有吸引力的，教学材料是多样和实用的。结合通用设计的理念，教学材料由多种方式获取，以便教师稍加调整就可以使更多的学生成功参与课题活动。教师在授课方式、课堂组织、学生参与方式、课堂教学材料、评估方法上都可以做出改变，使学生成功参与学习。教学评估是通过一系列方法和材料来收集关于学习者成就的信息的过程；这个过程是为了确定学习者的知识、技能和动机水平，从而做出教育决策。教学评估的目标是提高评估的准确性和及时性，并且保证它是全面的、能为教学指导提供清晰说明的，并且能为所有学习者提供这样的指导。为此，需要密切聚焦于教学目的，要提供多种支持和帮助来建构相关的项目。通过增加评估方式来适应学习者的多样性，通用学习设计减少或者消除了那些准确测量学习者知识、技能和参与情况的障碍。②

九、对重度障碍学生有效的、特殊的教学策略

1. 视觉通道策略

对于重度障碍学生中部分口语能力有限的学生而言，用视觉支持代替教师的语言指导对他们的学习有一定的帮助。相比语言指导，视觉符号（实物或图片）能给学生带来更长时间的提示，特别是对于语言理解能力不足的学生来说是更合适的方式。视觉通道策略包括可视性的活动进度表、活动板、社交故事、视频示范等多种方式。主要目的是通过提供视觉的信息帮助学生了解日常规则或某些技能的方式方法。如自闭症儿童干预的常用方法 TEACCH（结构化教学法）中，可视的活动进度表与"结构化的工作/活动系统"都是帮助学生理解活动的开始、结束、内容，以便完成日常及课堂或某项具体活动的任务。学生通过视觉提示了解到任务是什么、需要完成哪些工作、确定进展情况、了解接下来的任务。社交故事也是针对学生有难度的活动，以第一人称（站在学生的视角）编写一个故事，这个故事由简单的词语和图片构成，教师把故事读给学生，让学生了解某件事情的做法。

2. 任务分析和链锁法

当教学的内容是比较复杂的行为，行为的发生是一个刺激反应链时，教师和家长可以把这个复杂的行为技能分解为适合长度的小步骤，这样的做法就是任务分析。链锁法是教导学生把一个个小步

---

② 通用学习设计节选部分内容来源于（微信公众号 Translate4EDU）通用学习设计指南（全文）

骤逐步掌握链接在一起的方法。第一个小步骤完成后，需要教学第二个小步骤，然后把这两个步骤连在一起完成，再进行第三个小步骤的教学后再把前面两个步骤和第三个步骤连在一起，依此类推来完成整个行为链。每一个步骤完成后可以给予学生一些强化，使行为技能得以保持。

3. 离散单元教学法

离散单元教学法是一种适合发展性障碍学生的教学方法，是自闭症儿童干预的一种常用的方法。因为每周干预时间可长达 30～40 小时，故又称强化疗法。教学时先由教师给出一个简短明确的指令让学生做出一个单一性动作，如果学生根据指令完成这一动作教师就立即给予预选的奖励，否则则由教师给予适当的口头提示或必要的身体帮助，待学生能自己完成该动作后再逐渐淡出提示帮助。每一单元都应简短并与下一单元有一定的时间间隔。这是一种结构性较强的干预方法。

4. 刺激和反应提示

提示是一种向学生传授新技能的方式，其最终目标通过一段时间的学习这项技能学生能够独立完成。提示是在学生对尝试性教学做出反应之前，给予学生不同类型的帮助，以增加学生执行目标行为的可能性。提示在学习初期较多，然后逐渐减少提示，最终使学生在没有提示的情况下完成目标行为。

刺激提示是在人为操作一些指令或线索的呈现方式，如呈现大小或颜色等。例如，一个学生在学习如何使用微波炉。教师和家长可以在微波炉的按钮上贴一个绿色的标签，来提示学生按钮的位置。学生在学习写字时可以让他先描红，然后给出虚线组成的字去书写，或者给出笔画顺序，这些都是刺激提示。

反应提示是教师在学生做出反应之前（或错误后）进行的提示，以增加正确反应的可能性。教师可以通过语言、手势、身体辅助、环境线索等方式提供提示。如在学生学习洗手时可以给学生呈现洗手的步骤图片或语言的提示帮助学生完成洗手的步骤。

5. 部分参与和调试

学生不应该因为智力、适应性技能、动作、感觉、健康以及沟通方面的缺陷就被剥夺接受教育的权利，重度和多重障碍学生应参与或至少是部分参与活动，而且在体现他们优势的活动中的确能够学习或完成任务。一般有6种部分参与的类型：

(1)感觉参与：在教学中使用他们的眼睛和耳朵。

(2)动作参与：使用粗大和精细动作操纵物体并与其他人互相影响。

(3)移动性参与：从一个地方移动到另一个地方。

(4)认知参与：认识到他们自己的动作之间或环境中物体之间的关系。

(5)沟通参与：认识他们的动作或感觉参与能引起一些反应。

(6)社会参与：认识与其他人的相互影响。

这6种部分参与的任何一种都能使个体获得或者练习技能，并增强他在学校或社区的关系与成员归属感。

4种教学调适分别是适应技能序列、调适原则、利用个人辅助和使用材料及技术。这些调适的目的是为有障碍的学生铺设融入普通课程的道路。

6. 协作性学习

协作性学习是竞争方法的替代，它为学生提供了共同努力实现个人和集团目标的框架，强调共同协作的重要性。它包括以下几方面：

(1)积极的相互依赖：团体成员建立共同目标、将目标任务分割，共享材料和资源，假定共同角色，给予共同奖励。

(2)面对面的相互作用：团体成员通过直接的沟通互相鼓励和促

进以完成任务。

(3) 个体义务和个人责任：评估个人业绩，并将结果反馈给个人和团体，团体督促每一个成员完成其担负的责任部分。

(4) 人际关系技能和小组关系处理技能：学生彼此认识和信任，清晰明确的沟通，彼此接受和互相支持，积极解决冲突。

(5) 团体处理：团体反应包括描述在做决策时哪些成员的贡献是有益或无益的，哪些团体行为应该继续或改变。

学生在协作性学习方式下学习有以下优点：成绩更好；推理水平更高，产生更多新观念，在教室或其他环境下学到的知识之迁移程度更大；同学和老师之间的共同喜好更多；正常学生帮助有障碍的学生的兴趣更大；接受他人观点的能力更强；创造性增强；自尊水平提高。

研究表明协作性学习对有广泛和深入教学调适要求的学生来说也非常优秀。协作性学习成功的关键，尤其是对多重和重度障碍学生而言，在于教师提供多水平课程或重叠课程的机会——以确保重度和多重障碍学生在相同的活动中有个人的学习成果，即在相同的协作性学习活动中为他们提供获得不同的个人学习结果的机会。

7. 同伴辅导

同伴辅导指将学生进行配对，以便于已经形成目标技能的学生能帮助传授新技能并练习先前习得的技能。研究表明同伴辅导方法对重度和多重障碍学生一样有效。其好处在于，这是一种双赢的做法。但是需要注意的是，过度依赖同伴辅导可能导致单向获益而非互惠的同伴关系。

第四节　重度障碍学生的医疗护理

部分重度障碍学生身体状况不佳，可能长期患有某些慢性疾病，因此教师有必要了解他们医疗护理的相关知识并掌握一些技能，以便更好地在学校中给学生提供所需的支持。

一、获取相关知识和技能的途径

特殊教育教师或普通教育教师在学校中可能会遇到各种障碍情况和身体疾病情况的学生，通过和学生的家长进行有关病情的交流是增进对各种疾病的了解的机会和途径。因此，当初次和学生接触后，就需要和家长进行交流，了解学生的病情和身体情况，了解因此需要提供的帮助，以便能及时给学生提供支持。

使用网络也是促进教师获取有关知识的方便快捷的途径。教师可以通过搜索引擎进行搜索（如百度），网络上可以给教师提供大量的信息，包括学生的障碍特点、医疗和康复的方法和注意事项等。如果想要获得更深入的、更专业的信息，还可以在学术期刊网站上对相关疾病进行关键词的搜索，能够获得相关疾病最新的研究进展。

此外，还可以和医学专家进行合作，沟通学生某些具体的问题。和学校的校医、护士保持联系和互相交流也是很好的方式。

二、学生的护理需求与日常教学相结合

部分学生可能在医疗护理方面也要形成一个专业团队，团队成员对学生的身体情况进行研讨，从而明确学生在医疗和护理方面的具体需求。然后再决定在学校环境中如何融入医疗护理，在日常的学校生活中通过随机教学、嵌入式教学和部分参与的方式实现医疗护理方面的目标。学生的教育需求和健康需求需要同时满足，教师不能因为学生在医疗护理方面的需求而拒绝对学生进行教育。

随机教学是教师确定学生有某个兴趣或需求后见机行事地进行教育，为学生提供特定技能教学和练习的机会，促进技能发展。这种方法在语言教学中运用比较多。嵌入式教学是以有效的教学策略为基础，选择合适的嵌入时机，将教学计划实施分布在日常生活的

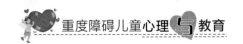

各项活动中,促进特殊儿童的参与和学习。嵌入式教学可以在学生日常的医疗护理流程中同时教授多种技能,如学生服用药物的过程中其语言和动作等相关技能都能得到训练。部分参与的方式即前文提到过的策略,教师支持学生参加与健康有关的活动,学生可能独立完成医疗护理流程中的某个部分,如口腔检查后学生自己漱口、服药时自己拿起药片、表达自己身体上不舒服的感受等。

三、预防和控制传染病

学校中需要考虑传染病的预防和控制,为此要努力做好公共卫生,教师和行政管理人员要积极预防传染病的发生、控制已知的传染病的扩散。教师需要了解传染病传播的途径以便对应预防。学生需要在入学前接种疫苗。如某个学生患有传染病,必须向学校的医生或护士咨询,确定学生是否可以继续待在学校,还是需要回家休养。还需要努力提升学生的身体素质,加强体育锻炼。教师和学生都要勤洗手,学会正确洗手的方法。特别是接触过生病的学生后,教师再接触其他学生之前一定要洗手。有些病毒可能通过唾液、尿液、血液传染给他人,教师和家长在照顾生病的学生时要做好防护措施。如果教师和工作人员是孕妇则要特别注意某些病毒是否会对胎儿有不良影响,积极做好防护以降低感染的风险。此外,必要时学校的房间、家具、玩具和教具也需要进行定期消毒。

四、掌握一般急救护理技能

1. 心肺复苏术

心肺复苏术是一种在患者呼吸停止或呼吸和脉搏停止时才使用的急救方法。不同的年龄段有不同的心肺复苏术的流程。在成人和8岁以上儿童心肺衰竭时可以使用自动体外除颤器(AED),其作用是为患者的心脏提供电击,帮助恢复心跳。学生在很多紧急情况中可能需要实施心肺复苏术,如窒息、烟雾吸入等情况。教师和学校相关工作人员应当积极接受心肺复苏术的培训，获得红十字救护员证，取得现场救护资格。

2020年中国红十字总会和教育部联合印发了《关于进一步加强和改进新时代学校红十字工作的通知》，将学生健康知识、急救知识，特别是心肺复苏纳入教育内容。这样的做法有利于提升青少年的急救知识和技能的普及。

2. 急救护理

急救护理是在获得常规医疗救援之前所实施的紧急护理。学校中会针对学生跌倒、外伤和内科疾病（如呼吸困难、癫痫等）开展急救医疗。学生在发生突发疾病时教师往往是提供救助的第一人，因此，校医以外的教师也需要接受急救护理的培训。学校对于学生发生紧急情况也需要制订应急预案，对于可能发生的紧急情况明确处理的流程，并明确负责人。如哪位教师负责打急救电话、哪位教师负责通知家长、哪位教师陪同学生到急诊室或医务室、哪位教师负责安抚其他学生。

对于有慢性病的学生要制订个别化的应急预案，放在学生的个别化教育计划当中，还需要收集学生的重要信息，如血型、较为严重的疾病的具体情况（如糖尿病、癫痫、血液病）、对食物和药物过敏的情况。当学生身体出现紧急情况时，学校的工作人员需要向急救人员说明以下情况：学生具体不适的位置和症状、学生出现症状的时间、哪些因素会让疼痛或不适更严重或缓解、发病时（意外发生时）学生在做什么、发生了哪些变化、是否吞咽过物品、是否服用某些药物。

五、重度障碍儿童的日常特殊护理

部分重度障碍学生日常需要一些特殊的护理，如牙齿和牙龈护理、皮肤护理、肠道护理。

牙齿和牙龈护理包括口腔卫生、牙齿保健、良好的营养和饮食习惯。口腔清洁是日常生活中重要的一部分，是保障身体健康的重要环节。良好的口腔卫生能减少龋齿和其他口腔疾病的发生。因此，教师和家长要指导学生刷牙、使用牙线、注意口腔习惯、进行合理的饮食。在学校和家庭中，要求学生用餐后和吃过零食后要认真刷牙、漱口。要辅助能力不足的学生完成口腔清洁，必要时使用一些辅具让孩子能把嘴巴张大，然后帮助学生刷牙。

当学生具有以下情况时要关注他们的皮肤情况：①身体瘫痪；②感知觉缺失（特别是触觉）；③剧烈活动；④长时间无法移动。上述情况都可能导致学生的皮肤感染细菌、发炎、溃烂。为保持皮肤健康，要注意保持学生皮肤清洁干燥、适当营养摄入、移动时减少皮肤摩擦和避免长时间压迫身体某些部位。使用尿布的学生要注意及时更换并保持身体干燥和清洁，否则可能粪便和尿液接触身体导致感染和溃疡。长期无法活动的学生也要注意预防压疮的产生。当皮肤长时间缺乏营养和氧气，细胞组织会死亡，从而形成压疮。当身体坐着和躺着的时候，某些部位受力较多，这些部位就容易因为承受更多的重量而形成压疮。因此，对于肢体障碍的学生需要每隔1～2个小时帮助他们改变身体的姿势，来缓解身体某些部位的压力。使用轮椅、支架的学生也要检查和这些辅具接触的皮肤是否有长时间不消退的红斑，要关注这些部位避免发生溃疡。对于可能出现皮肤问题的学生，在他们的健康计划中要写入学生在皮肤方面的需求，如定时移动身体位置、定时更换尿不湿、保持皮肤清洁、保持充足的营养、皮肤上涂乳液或药膏。

肠道护理是关注学生的排便情况，很多重度障碍学生会有便秘的情况。肌张力的增加和降低都会影响肛门附近的肌肉或骨盆底部肌肉的协调性，导致学生排便困难。很多学生的排便还会受环境因素的影响，如只在家里的卫生间大便，在其他场所的卫生间无法排便。为了帮助学生缓解便秘的问题，建议学生多摄入含有较多纤维素的食物、摄入充足的液体、作息规律、每天进行一定量的身体运

第五章 重度障碍学生的教育康复策略

动,帮助创设学生舒适的排便环境等。

六、对学生癫痫的监控和处理

部分身体情况不佳的重度障碍学生,在校期间教师要注意监控他们的身体状况。很多重度障碍和多重障碍的学生会有癫痫,对于癫痫发作的情况教师要有一定的应对能力。教师还需要监控学生癫痫发作的情况,记录学生在校期间癫痫发作的频率。系统地观察可以让教师知道哪些行为和癫痫发作有关,把观察记录反馈给家长,并在癫痫发作时保护儿童,使他们免受伤害。很多儿童通过药物也无法完全控制癫痫。因此,教师必须对学生癫痫发作后的处理有基本的了解。通常癫痫发作时间为 30 秒到 3 分钟,如果癫痫持续发作超过 30 分钟且个体处于无意识状态,则称之为癫痫持续状态。这种情况会危及个体的生命,需要立即接受治疗。教师记录学生癫痫发作的情况,这些会帮助家长确定药物的作用,以便调整用药安排。教师还需了解学生在癫痫发作前后和发作期间的行为表现,有助于安排活动内容和场地。有些学生癫痫发作时会摔倒而导致受伤,可以戴上轻型头盔。学校的环境也要尽可能安全,在学生癫痫发作时家具、设备最好是轻便能够移动的,环境也要尽可能宽敞,不摆放多余的物品。

七、低发性的医疗护理

有一些重度障碍的学生需要一些照顾方面的特殊护理,包括非口腔喂养、非典型的排尿排便、呼吸道管道和分流术后的护理。这些学生人数较少,且有可能因为身体状况比较严重而无法在学校学习。但是如果学生有在学校学习的需求,那么教师和学校的医护人员需要尽量完成他们的日常护理工作。

非口腔喂养的学生可能通过胃造口管、空肠造口管或鼻胃管摄取营养。这些学生虽然不能用口腔进食,但是也应该和其他学生一

样在用餐时间和同伴一起进食，使学生和其他同学有更多的互动机会。如果学生的鼻胃管或胃造口管不小心在空气中暴露，学校的医生需要帮助学生更换干净的导管。学校的同学也需要了解这些设备的用途，避免不小心拔掉导管。

少数重度障碍学生可能在排尿排便时使用辅助设备。肠造口术是在肠道开口，用导管连接到腹部表皮，这样患者就不使用直肠，而是直接把排泄物排出体外，排泄物收集在一个贮存袋里。对于这些学生护理时需要在一个私密的空间，帮助学生清空或更换贮存袋，还要预防造口周围的皮肤过敏。还有一些脊柱裂或脊膜突出的学生可能无法控制排尿，对于神经性膀胱功能障碍的学生可能采用间歇性清洁导尿术帮助他们排空膀胱，也需要在私密的空间进行这项服务。教师和学校相关人员需要接受专门的培训来掌握如何进行具体的操作。

呼吸道管理包括气管造口术的护理、吸痰、补氧等方面。气管造口的护理包括从气管排出分泌物、清洁气管造口管、更换气管造口棉球、更换导管、导管周围皮肤护理等方面。学生一般来说是在家中进行更换导管和旧导管的清洗工作，但是教师和学校的相关人员应该接受培训，能够应对突发情况的处理。相关人员在护理前后要洗手，戴好手套。还要提醒班里其他同学不能触摸、拉扯导管，防止发生危险。接受气管造口术的学生也不能在水边玩耍，防止水不小心进入导管，同时还要防止爽身粉、烟雾、油漆、发胶等滑石类产品进入导管。吸痰一般是由学校的护士或其他接受过相关培训的指定人员进行，帮助学生清除呼吸道中的分泌物，使呼吸顺畅。如果发现学生口中有分泌物或听到分泌物的声音，或发现学生有梗阻缺氧的症状就需要帮助学生排出分泌物。对于呼吸道问题和心脏问题导致的含氧量低的学生需要通过鼻腔导管和面罩为学生补充氧气。要关注学生是否有缺氧的情况：呼吸困难、呼吸频率增加、烦躁、疲劳、脸色苍白、嘴唇青紫和心率增加等。可以从便携式氧气

第五章 重度障碍学生的教育康复策略

瓶或制氧机、呼吸机为学生提供氧气。相关人员需要接受培训来学习具体操作的方法。

一些有糖尿病的学生还需要在学校中接受血糖监测。患有1型糖尿病的学生每天需要监测3～4次血糖，具体要看学生是否进行了有关治疗，控制血糖的难度如何。血糖监测的方法比较简单，使用刺血针扎患者的指尖，挤压一滴血在专用试纸上，然后放在血糖仪里面，血糖仪就能显示出血糖值。血糖水平为治疗提供依据，决定学生的食物摄入的要求，是否需要注射胰岛素等。在学校，还需要特别注意糖尿病学生的饮食，需要提供适当的食物（如无糖牛奶和点心）。

患有脑积水的学生可能需要接受脑脊液分流术，需要帮助学生检查分流器是否出现故障。如果分流管堵塞或故障，液体在脑室中又会逐渐增多，学生会出现头痛、呕吐、食欲不振、颈部疼痛、双手双臂无力、嗜睡或烦躁、癫痫发作等情况。这些学生的日常活动安排也要避免可能引发头部受伤的运动。

上述提到的医疗护理方面的相关内容对于教师来说可能是一个接触较少的领域，但是一旦学生有相关服务需求时还是尽量能够满足学生的需求，使学生能够参与到学校学习中，避免因为在学校无法照料和提供医疗服务使学生失去接受学校教育的机会。当前我国的特殊教育学校中重度障碍的学生人数逐渐增多，教师也需要在医疗护理方面掌握更多的方法以便提供相关支持和服务，学校有必要结合学生的具体服务需求组织相关的培训，或在学校配备专业的医生和护士进行更专业的服务使重度、极重度障碍儿童的医疗需求得到满足。

第五节　帮助普通班教师接纳重度障碍学生的策略

在重度障碍的教育过程中，部分能力较好的同学有机会参与普

163

通教育，进入融合环境，但是对于普通教师而言，在重度障碍学生的教学方面经验可能不足，因此需要得到更多的支持。普通教师需要从学生家长和特殊教育教师那里获得更多的障碍学生的教育教学建议，并持有积极融合的教育理念来支持和帮助障碍学生。

一、重度障碍学生家长与特殊教育教师的教育建议

有效沟通是减少误会最好的方法。多年来由于社会大众对于障碍儿童的不了解与不认识，使身心障碍学生在进行融合教育时，产生很大的阻力与困难，障碍学生的家长可以通过本身的经验分享、演说与写作来表达其障碍学生与家庭的观点与相关权益不被重视的情形，以帮助普通班老师与学生接纳与关心身心障碍学生，可以向普通班老师与学生传递如下的相关理念：

（1）理解和接纳身心障碍学生，但不要过分支持和帮助。过分支持和帮助会剥夺学生学习的机会，减少学生独立的可能性。

（2）引导班级的普通学生和家长接纳身心障碍学生，给障碍学生帮助而不是排斥。对身心障碍学生要亲切、关怀、平等，就像是和一般朋友相处一样。

（3）让身心障碍学生做力所能及的事，不做超过能力范围的事，以免增加他们的挫折感，使他们害怕学习新的事物。

（4）复杂的任务分解成多个步骤逐一地教导，使身心障碍学生容易学习。

（5）找到学生的优势和闪光点，多鼓励学生，给身心障碍学生信心去学习。

（6）行为方面多示范少指挥，给身心障碍学生提供可以模仿的对象。

（7）多给身心障碍学生练习的机会，通过反复的练习，可以帮助身心障碍学生牢牢地记住所学的事物。

（8）理解身心障碍学生的行为方式，当他有不适当的行为出现，

在还没有了解他的意思之前，请不要随意做不好的解释。如他们大力地拍别人肩膀，不一定是要打架，很可能只是想打个招呼。

（9）身心障碍学生做事常会按照固定的模式，而重复地出错，请要有耐心、慢慢地教导他。

（10）当身心障碍学生好不容易做成功一件事而沾沾自喜，不断炫耀时，请不要泼他冷水，使他失去成就感与学习的意愿。

二、普通班教师应持有的理念

1. 完全尊重身心障碍学生

身心障碍学生并非全无知觉，他们内心深处同样也有被尊重的渴求。不要用责骂、命令的语气要求身心障碍学生完成无法做到的动作，尤其对于脑瘫或肢体障碍为主的多重障碍学生，如果说学生无法握笔写字，就不要强迫学生写字。

2. 适当地支持与鼓励赞美身心障碍学生

逃避只会暂时地解决问题，唯有改以鼓励、赞美、接纳的方式，用以激发学生的学习，使其发展潜能，这才是长久之计。对于有语言障碍的脑瘫学生和有沟通障碍的学生，不仅要有耐心听其讲完其想法，也要多鼓励学生多说话。

3. 用真心来认识与教导身心障碍学生

每个学生有其特质，只要用心，就能发现学生的优点。

4. 正确看待学生的障碍

不要将障碍学生的错误行为，都归因于其障碍的原因。即使是普通学生也会有错误行为。

5. 想办法引导学生学习

在尊重的前提下，教师要用心研究如何使用人性化的行为改变技术来帮助学生。

第六节　帮助家长和教师克服困难的策略

重度与多重障碍学生的教育对教师和家长都是巨大的挑战，以下建议希望能帮助障碍学生家长和教师学习与成长：

1. 正视障碍

正视重度障碍学生的身心情况，形成合理的期望。为重度障碍学生进行生涯规划，适当地调整前进的步伐。尽力而为，但不要要求一次就能解决所有的教育问题。

2. 永不放弃

永不放弃但不期望事事完美无缺。即使学生的障碍程度极其严重，也不能轻言放弃。相信"天生我材必有用""生命有无限可能"。同时也要深信"特殊教育是把不可能变成可能的教育"，并且要学习接受挫折与批评，要对自己的优点与才能有信心，但不强求事事十全十美。

3. 多方面开发资源

尽可能寻求所有帮助。尽可能为学生开发多方面的社会资源，利用可运用的家长、家长联合会、残联、社会工作者、社会善心人士等，多方面助力进行重度障碍学生的教学与辅导。

4. 团队分工合作

了解彼此的职责与时间表。形成以学生为中心并适合自己的工作时间表。尽可能地列好每一个参与人员的职责与障碍学生的目标，建立学生未来的发展规划，并逐步推进。

5. 踏实规划

翔实记录评估：客观记录障碍学生的学习进展，依据客观的表现资料来进行有效的教育决定与教学计划。

6. 终身学习

积极进取，终身学习。通过参与有关的教学研习活动，提升自我的特教知识能力，并积极地鼓励助理教师、义工和相关支持人员进行教育学习与研究制订彼此共同的目标。

7. 建立适当的沟通管道，保持沟通顺畅

让障碍学生的父母和工作人员知道你关心他们与学生，做一个善解人意的听众。随着身心障碍者的成长与社会持续地进步与变化，参与并提供身心障碍者的教育与服务单位也将与日俱增，而其支持系统也势必日趋增多与繁杂。为提高对身心障碍者的服务品质，不同的服务单位及行政工作人员之间存在适当的统筹协调，并保持顺畅的沟通。

8. 平衡学生和师生存在的各种冲突

平衡冲突，达到双赢。在人生的各种不同生涯冲突情境中（如障碍学生就业与升学的冲突、家长与教师各自的家庭与事业冲突等），需运用智慧取得适当的平衡点。不以牺牲他人为手段，而尽量以双赢的策略为依归；不牺牲自己来委曲求全，而尽量协调沟通来合理争取障碍学生与自我的权益。

思考题

1. 我国重度障碍学生的安置需要参考哪些法律法规？
2. 重度障碍学生的安置原则有哪些？
3. 重度障碍学生的安置方式有哪些？
4. 重度障碍学生存在哪些学习困难？
5. 重度障碍学生的教学原则有哪些？
6. 重度障碍学生的课程模式有哪些？
7. 重度障碍学生的课程内容有哪些？
8. 如何针对重度障碍学生存在的感官和肢体障碍进行的教学调整？
9. 重度障碍学生需要学习的主要技能有哪些？

10. 重度障碍学生的教学策略有哪些？
11. 重度障碍学生的医疗护理需要考虑哪些内容？
12. 帮助普通教师接纳重度障碍学生的策略有哪些？
13. 普通教师需要持有哪些理念来帮助和支持重度障碍学生？
14. 帮助教师和家长克服困难的策略有哪些？